beck ls r

Munich, in July 2010

For Paul Dobson,

in remembrance of our
inspiring soccer correspondence
during the championship 2010,
with best wishes

Stefan

Afrika bietet in jeder Hinsicht zauberhaften Fußball. Deshalb haben sich auch nicht wenige internationale Spitzenclubs mit afrikanischen Fußballstars wie Didier Drogba, El-Hadji Diouf oder Samuel Eto'o verstärkt. Zudem haben Nationalmannschaften aus Kamerun, Nigeria, der Elfenbeinküste, Ghana und Südafrika schon häufiger vermeintliche Favoriten aus Europa und Südamerika auf dem Fußballplatz das Fürchten gelehrt. Wie aber lässt sich diese unübersehbar hohe Professionalität afrikanischer Teams mit bizarren Ritualen auf nächtlichen Friedhöfen, mit obskuren magischen Hilfsmitteln aus Löwenfett und Affenpfoten, mit gesundheitlich nicht unbedenklichen Zaubertränken, mit Geisterbeschwörungen und mit mächtigen *witchdoctors* vereinbaren, die im afrikanischen Fußball «vom Keller bis zum Dach» anzutreffen sind? Eine Vielzahl afrikanischer Fußballer – oft ganze Mannschaften – versichert sich regelmäßig der Hilfe teuer bezahlter *juju men,* das Gros der Trainer duldet diese Praxis, und den Offiziellen ist sie bekannt, wird nicht selten von ihnen sogar aktiv betrieben und finanziert. Oliver G. Becker ist in dieses Zwischenreich von Fußball und Magie eingetaucht, hat die Protagonisten kennengelernt, über Jahre hinweg die Szene besucht, beobachtet, gefilmt und vor allem mit den Beteiligten gesprochen. Seine Erfahrungen und Erlebnisse hat er in diesem spannenden Buch zusammengefasst.

Oliver G. Becker ist Politologe, Publizist und Dokumentarfilmer; er erforscht seit langem Praxis und Bedeutung von Magie in afrikanischen Gesellschaften. In diesem Zusammenhang hat er über Ritualmorde in Afrika publiziert und Filme gedreht. Im Jahr 2000 erhielt er das renommierte Journalistenstipendium der *Arthur F. Burns-Fellowship* und wurde im Jahr 2007 in den Beirat des *Zentrums für interdisziplinäre Afrikaforschung* (ZIAF) berufen. Im Jahr 2006 wurde sein Film über Fußball und Magie in Afrika *Kick the Lion* «ausgesuchtes Element des Offiziellen Kunst- und Kulturprogramms der Bundesregierung/DFB-Kulturstiftung zur FIFA WM 2006 in Deutschland».

Oliver G. Becker

Voodoo im Strafraum

Fußball und Magie
in Afrika

Verlag C. H. Beck

Mit 17 Abbildungen im Text

Originalausgabe

Gesamtherstellung: Druckerei C. H. Beck, Nördlingen
Umschlagabbildung: Fan der Elfenbeinküste,
Foto: © Issouf Sanogo/AFP/Getty Images
Autorenfoto: © Ekko von Schwichow
Umschlaggestaltung: malsyteufel, Willich
Printed in Germany
ISBN 978 3 406 60131 6

www.beck.de

Inhalt

Für Anna, Konrad und Tessa

Einleitung

Mit magischen Mitteln zum Kick:
Nachts auf dem Friedhof in Daressalam

Milchig und trüb klebt der Mond zwischen schweren, bleigrauen Wolken am Himmel, als könne er sich dort unter der Last der feuchten Hitze kaum halten. Auch nach Mitternacht scheint die Quecksilbersäule oberhalb der 30-Grad-Marke für immer festgenagelt. Kein Lufthauch bewegt die Blätter der allenthalben wuchernden Pflanzen: Die Natur hier ist nachts ein einziges Schimmern, irgendwo zwischen hell-, dunkel-, gift- und smaragdgrün. Alles, was mehr als vier Beine oder gar zusätzlich Flügel hat, wächst hier ungestört und in unglaublicher Vielfalt zu erstaunlicher Größe heran: Käfer, Schaben, Zikaden, Falter, Moskitos, Spinnen und Gottesanbeterinnen. Und alles, was den weichen Körper mit einem Panzer aus Chitin schützt, ist jetzt, in der drückenden Schwüle der Nacht, unterwegs. Einzig die großen

Schwärme der Fledermäuse scheinen die Übermacht der Insekten aufhalten zu können.

Zur gleichen Zeit machen sich sechs Männer auf den Weg zum Kinondoni-Friedhof. Sie scheren sich nicht um die Insekten und nicht um die Fledermäuse. Sie kommen auch nicht, um zu dieser späten Stunde den Tod geliebter Verwandter zu beklagen. Sie kommen vielmehr heimlich hierher in der Absicht, Kontakt aufzunehmen zu der Welt der Toten. Sie sind entschlossen, an einem Grab die Geister ihrer Ahnen anzurufen und durch den Einsatz magischer Mittel ein Fußballspiel zu gewinnen, das am kommenden Tag im Yanga-Stadion in Daressalam stattfinden soll. Dort werden sie mit geheimnisvollen Magiern einlaufen, mit Hexenmeistern in der Kabine und auf den Zuschauerrängen. Deren Zauber und magische Mittel werden die Gegenspieler auf dem Platz kraftlos und schwach machen.

In der fetten Friedhofsluft fällt das Atmen schwer. Immerhin wird es heute Nacht trotz der bedrohlichen Wolkenkulisse nicht regnen – zumindest vorerst nicht. Die schwarze Silhouette einer Dreiergruppe hoher Palmen zeichnet sich ebenso wie die Holzpfähle überalterter Strommasten vor dem Nachthimmel ab. Die maroden Kabel, die in ein paar Metern Höhe kreuz und quer verlaufen, versorgen die umliegenden Straßenzüge und Stadtviertel mit Strom – meistens jedenfalls. Nur schwaches Licht glimmt in ein paar Fenstern der Nachbarschaft. Statt elektrischer Beleuchtung taucht der fahle Mondschein den Kinondoni-Friedhof und den gleichnamigen Stadtteil im Nordostteil von Tansanias Kapitale Daressalam in ein diffuses Licht. Außer dem Lärm der Myriaden von Insekten und Vögel hört man nur das gelegentliche Rascheln von Nagetieren auf ihrem allnächtlichen Beutezug in Bäumen und Sträuchern.

Auf dem vorderen, dem christlichen Teil des Friedhofs stehen in endlosen, dichten Reihen weiße, meist schmucklos-schlichte Holzkreuze, deren Phalanx nur selten unterbrochen wird von ein paar

mächtigen Palmen. Dahinter, zwischen dichtem Buschwerk, liegt abgetrennt durch einen schmalen Weg der größere Teil der Nekropole. Deren muslimische Gräber sind mit Begrenzungen aus hellgrauem Stein geschmückt. Die Namen der Verstorbenen haben ihre Angehörigen oft kurzerhand mit schwarzer Farbe auf die schweren Natursteine gepinselt. Im alten Teil des Friedhofs sind sie nur mehr undeutlich oder gar nicht mehr zu entziffern.

Wie aus dem Nichts tauchen die sechs verwegenen Gestalten zwischen den dichten Sträuchern des Friedhofs auf, eine nach der anderen: Leise singend, eher noch wispernd, sodass ihre Stimmen im unablässigen Zirpen kaum zu hören sind, betreten sie die bizarre Szene. Langsam und würdevoll strebt die kleine Gruppe zielsicher dem hintersten Winkel des Friedhofs zu. Dort, wo die herunterhängenden Äste eines uralten Baobab fast den Boden berühren, bleiben sie wie auf ein Kommando vor einem namenlosen

Der christliche Teil des Kinondoni-Friedhofs in Daressalam, Tansania, Mai 2005.

muslimischen Grab stehen. Nur der muslimische Teil der Grabstätte kommt für jene Rituale, die dort vollzogen werden sollen, in Frage – der christliche wäre nicht rein genug.

Die sechs Männer kommen aus einer nahe gelegenen Hütte, wo das Ritual, das sie nun auf dem Friedhof fortsetzen, vor über eineinhalb Stunden begonnen hat: In der lastenden Hitze einer engen Hütte haben zuvor vier Magier und zwei Fußballer des Yanga FC bis zur Erschöpfung gesungen und geklatscht. Sie haben die Namen ihrer Gegenspieler – ihrer Erzrivalen – auf kleine Zettel geschrieben. Der beißende Qualm, der aus einem stählernen Kohlebecken vom Boden der Hütte aufsteigt, hat ihnen dabei die Tränen in die Augen getrieben, sodass sie kaum noch etwas sehen konnten. Dann haben sie Zettel mit den Namen ihrer Gegner in grellfarbige Tinkturen getaucht und sie schließlich in kleinen Tiegeln schwimmen lassen. Auch auf rohe Eier und Kokosnüsse haben sie die Namen geschrieben: Einer der Magier spricht dazu rasend schnelle Flüche oder Beschwörungsformeln, wiederholt sie immer und immer wieder, ganz so, als seien Eier und Kokosnüsse die Gegenspieler selbst, die es zu verhexen gilt.

Die Sprache, so erläutert er später, spreche er eigentlich gar nicht. Sie komme über ihn, er könne dazu nichts weiter sagen, als dass er sie nur bei diesen Zeremonien spreche, aber nur, wenn die Geister seiner Ahnen einverstanden seien. Ein anderer scheint inzwischen Kontakt mit der Welt der Geister gefunden zu haben: Die leuchtend rote Schärpe, die er um die Hüften trägt, ist längst schweißdurchtränkt. Am Boden liegend, windet er sich wie vor Schmerzen oder wie im Fieber krampfend. Die Finger seiner rechten Hand krallen sich so machtvoll in den Bodenbelag aus Bast, dass die Knöchel seiner Hand weiß hervortreten.

Ein anderer von ihnen bindet währenddessen einem großen schwarzen Hahn die Beine mit einer Schnur zusammen, hält ihn während der Zeremonie in den Rauch eines Feuers und beschwört gestenreich die Geister der Vorfahren: «Schenkt uns den Sieg», schreit er ins Feuer, «schenkt uns den Sieg!» Verschiedene Zutaten – darunter Salz, roher Kaffee und Weihrauch – werden verbrannt, und es verbreitet sich eine sinnverwirrende Mischung eigenwilliger Aromen. Der Hahn, noch immer mit zusammengebundenen Beinen, kräht und flattert so wild, dass ein paar seiner Schwanzfedern Feuer fangen, während der Magier den Vogel mit eisernem Griff gepackt hält und nicht aufhört, ihn mit dem Kopf nach unten im Rauch des Feuers hin- und herzuschwenken.

Die Adern der Magier treten an Hals und Brust bereits deutlich hervor, als alle in der Hütte langsam aufstehen. Sie singen noch immer aus Leibeskräften, und den Bewohnern des Viertels kann unmöglich verborgen bleiben, was in diesem stickig heißen Raum des kleinen Hauses vor sich geht. Der Gesang wird ekstatischer, die Gesten ungezügelter. Zwei Fußballtrikots werden über einem Kohlebecken geräuchert, der Ball mit magischen Flüssigkeiten und Substanzen aus Tier- und Pflanzenteilen besprenkelt, damit er morgen «den Weg ins gegnerische Tor findet». Die Fußballer, die die meiste Zeit wie versteinert auf dem Boden gesessen sind, mit dem Rücken an die Wand gelehnt, die Blicke starr ins Nichts gerichtet, folgen den Anweisungen der Magier.

Nun tritt der älteste der Magier – hinter seinem schwarzen Stirnband steckt inzwischen seitlich am Kopf ein langes Messer – langsam vor die Tür der Hütte in einen kleinen Innenhof. Ohne den Gesang zu unterbrechen, drückt er den schwarzen Hahn mit beiden Händen auf die Erde und stellt sich mit je einem Fuß auf einen der Flügel des jämmerlich krähenden Tieres, damit es wehrlos auf dem Rücken liegend zu flattern aufhört. Die anderen sind ihm gefolgt, haben das Kohlebecken, von dem noch immer mächtige Rauchschwaden in den Nachthimmel aufsteigen, vor die Tür gestellt. Noch einmal lässt der Anführer das Messer durch den Rauch des Feuers kreisen, während der Gesang anschwillt, dann packt er den Hahn an der Kehle und schneidet ihm mit einer einzigen Bewegung den Kopf ab. Sein Blut schießt in hohem Bogen in das Feuer des Kohlebeckens, auf den Boden und auf die Brust des Magiers. Für einen kurzen Moment beißt der Magier auf den abgetrennten Kopf des Hahns, behält den abgeschnittenen Schlund mitsamt dem Kopf des Tieres im Mund und schwenkt ihn wild hin und her, sodass noch mehr Blut von seinem Mund auf Hals und Brust läuft. Dann kauert er vor dem Feuer und wippt mit dem Oberkörper heftig auf und ab. Die anderen singen dazu und feuern ihn an. So war die Zeremonie verlaufen, deren Teilnehmer dann zum Friedhof aufgebrochen sind, um sie fortzusetzen.

Der erste Magier, der die Gruppe auf dem Friedhof anführt, trägt einen leuchtend blauen Burnus und eine traditionelle afrikanische Kappe, gewoben aus weißem Garn. Es ist derjenige «der in fremden Zungen redet». In seiner rechten Hand baumelt lässig eine wuchtige Machete. Direkt hinter ihm gehen die beiden Spieler, die stellvertretend für die gesamte Mannschaft des Yanga FC von den Hexenmeistern behandelt werden: zwei junge Männer in kurzen Sporthosen und Plastiklatschen, wie sie viele Fußballer noch im entferntesten Winkel der Welt schätzen und als Ausweis ihrer beruflichen Tätigkeit gern und mit Stolz tragen. Über den Schultern hängen ihre Trikots. Einer von beiden hält einen weißen Lederball in der Hand. Mit ernstem Blick und voll konzentriert blicken sie nach vorn; sie wirken entrückt. Hinter dem Ballträger gehen – alle im genau gleichen Abstand – drei andere, deren schweißbedeckte Oberkörper im Mondlicht glänzen. Vor ihrer Brust kreuzen sich dünne Stoffbahnen – bei einem in Tiefschwarz, bei den beiden hinteren in Scharlachrot. In ihren Händen halten sie einen aus Weiden geflochtenen Korb und zwei kleine Kalebassen aus Holz, in denen sich magische Substanzen befinden. Wortlos nimmt jeder seinen Platz ein. Die beiden Spieler sitzen still auf dem Boden und halten beide Beine ausgestreckt über das Grab. Der mit den schwarzen Stoffbahnen nimmt mit prüfendem Blick die Kalebassen und schüttelt kurz die Tinktur aus Tierblut, Kräutern, Holzkohle und

ein paar Partikeln einer Spinne oder eines Skorpions und allerlei Zutaten, deren Zusammensetzung nur er kennt. Er murmelt eine Zauberformel und beginnt die Schienbeine, Knöchel und Fußsohlen der Spieler zu beträufeln, sodann die Flüssigkeit sorgsam zu verstreichen. Den Ball hält einer der Spieler dabei auf dem Schoß. Mit der Machete wird nahe dem Grab ein Loch in die Erde gegraben. Dorthinein fließen die magischen Substanzen, die zuvor in der Hütte des Magiers verbrannt und mit Flüssigkeiten vermischt wurden. Das Ritual und die magischen Mittel sollen die beiden Yanga-Spieler vor den Angriffen der Gegner schützen: vor Grätschen auf

Witchdoctors nach einer Zeremonie mit zwei nun sichtlich entspannten Spielern auf dem muslimischen Teil des Kinondoni-Friedhofs, Tansania, Mai 2005.

dem Platz – aber auch vor den Attacken feindlicher Magier, die ihnen auflauern werden.

Die vier Magier bleiben schließlich auf dem Friedhof zurück. Die beiden gestärkten Spieler machen sich mit ihren verzauberten Trikots und dem behandelten Ball allein auf den Weg. Es ist spät, schon weit nach zwei Uhr, aber ihre Mission in dieser Nacht ist noch immer nicht beendet. Die anderen sollen schwach und kraftlos werden, sie sollen spielen wie die Toten!

So gehen sie heimlich zum Stadion, um die Gegner des nächsten Tages nun endlich und vollständig ihrer Kraft zu berauben. In ihren Händen halten sie die mit den Namen der Gegenspieler beschrifteten Eier und Kokosnüsse. Sie stellen sich in eines der Tore und schleudern sie mit voller Wucht auf das Spielfeld. Krachend und schmatzend zerbersten die Schalen der magischen Geschosse durch den schmetternden Aufprall genau auf der Linie des Tores und fliegen von dort in alle Richtungen. Gierig machen sich Moskitos, Ratten und anderes Getier aus der Umgebung über die ausgetretene Flüssigkeit von Eiern und Kokosnüssen her. Zurückbleiben werden nur die zertrümmerten Schalen, mit den Namensfragmenten der verzauberten Fußballer. Der Match Commissioner, der am nächsten Morgen den Fußballplatz inspizieren wird, erkennt binnen Sekunden, was sich hier in der Nacht vor dem Spiel zugetragen hat.

Als Abschluss der nächtlichen Zeremonie schießen die beiden Spieler des Yanga FC den Ball vom Elfmeterpunkt noch einmal in das leere Tor. Die Geister der Ahnen werden nun ihr Werk beginnen. «Huweza kushinda bila ya uchawi», wie die Hexenmeister in Tansania sagen: «Ohne Zauber kannst du nicht gewinnen!»

Es war interessant zu erfahren, welche Auswirkungen diese nächtliche Hexerei dann tatsächlich auf den Ausgang des Spiels haben sollte …

Rückblende

Dieses seltsame Ritual im Vorfeld eines Fußballspiels ist eine vergleichsweise harmlose Facette der bizarren Vorstellungswelt afrikanischer Magie und Hexerei. Die Erfahrungen, die ich mit Fußball und Magie in Afrika gemacht habe, werden im Mittelpunkt dieses Buches stehen. Mein Erstkontakt mit einer eher seltenen, aber äußerst brutalen und verstörenden Form der magischen Gedankenwelt Afrikas, die mich fortan als Filmemacher und Journalist über Jahre beschäftigen sollte, war freilich ungleich düsterer als all das, von dem ich in diesem Buch berichten werde. Eigentlich begann alles mit einem Gewaltverbrechen, das im September 2001 an einem Afrikaner in London begangen wurde und das unverkennbar die Züge eines Ritualmordes trug. Die Ermittler von Scotland Yard zeigten seinerzeit großes Interesse und Bereitschaft, die Öffentlichkeit auf dem Kontinent über dieses Verbrechen zu informieren, da es Spuren gab, die scheinbar nach Deutschland wiesen. Von der Offenheit und Bereitschaft der Beamten von Scotland Yard, Einzelheiten preiszugeben, die zunächst aus ermittlungstaktischen Gründen geheim gehalten wurden, profitierte ich als Journalist und Dokumentarfilmautor. Damals nahm ich im Verlauf meiner Recherchen Kontakt auf zu einigen Wissenschaftlern, die sich mit bestimmten Formen okkulten Glaubens in Afrika befassen. Das sollte der Ausgangspunkt meiner bis heute andauernden Auseinandersetzung mit Magie und Hexerei im modernen Afrika werden. Im Lauf der Jahre war es mir möglich, mich näher an die spirituelle Gedankenwelt des afrikanischen Kontinents heranzutasten, die ich als gleichermaßen fremd, beeindruckend und achtunggebietend erfahren habe und bis heute noch erlebe. Als Resultat meiner damaligen Recherche und meiner journalistischen Arbeit in London und Afrika entstanden in den Jahren 2002 bis 2005 einige Zeitungs- und

Onlineartikel, ein Buchbeitrag, verschiedene Magazinbeiträge sowie eine einstündige Fernsehdokumentation für die ZDF/ARTE-Redaktion «Kultur und Wissenschaft», die das Thema rituelle Gewalt im südlichen Afrika aus verschiedenen Perspektiven behandelte. Die Recherchen und Dreharbeiten zu diesen Veröffentlichungen brachten mich mit vielen Menschen inner- und außerhalb Afrikas in Kontakt, die sich mit diesem Themenkomplex schon lange beschäftigt hatten und zu denen in einigen Fällen die Verbindung nie mehr abgerissen ist. Es sind Experten ganz unterschiedlicher Herkunft und mit ganz verschiedenen Arbeitsfeldern – darunter Ethnologen, Religionswissenschaftler, Mediziner, Psychologen, Kriminologen, Vertreter der Gewerkschaften, der Bürgerrechtsbewegung, der südafrikanischen Regierungspartei ANC (African National Congress), Jugendorganisationen sowie Regierungsmitglieder und Schuldirektoren. Sie alle haben eines gemein: Ihre Wissensgebiete und beruflichen Erfahrungen berühren auf die ein oder andere Weise die Existenz einer respektierten und gleichzeitig geheimnisumwitterten und umstrittenen Berufsgruppe des afrikanischen Kontinents: Es sind dies die abertausenden von Männern und Frauen in Afrika, die sich selbst als «traditionelle Heiler», «spirituelle Medien», «Priesterinnen», «Wahrsager», «Magier» oder «Hexendoktoren» *(witchdoctors)* bezeichnen. Es ist ihr Beruf, mit der Welt der Ahnen, Geister und Dämonen auf Wunsch und gegen Bezahlung ihrer Kundschaft in Verbindung zu treten. Die Kunden, Klienten oder Patienten versprechen sich von ihnen Heilung, Beistand oder Orientierungshilfe im Diesseits. Das gilt in vielen Regionen des afrikanischen Kontinents als etwas ganz Natürliches. Der Kontakt und ein harmonisches Verhältnis zur Welt der Geister ihrer Vorfahren gehört für viele Bewohner unseres südlichen Nachbarkontinents zum Ausdruck ihres spirituellen Wohlbefindens.

Je mehr man über diese bei uns weitgehend unbekannte «schillernde» Berufsgruppe der traditionellen Heiler liest, je mehr man aus ihrem Kreis persönlich kennenlernen und bei ihrer Tätigkeit beobachten kann, desto faszinierender wird die Auseinandersetzung mit ihnen: Die Fragen nach Sinn und Wesen ihrer Behandlungsmethoden finden trotz intensiver Bearbeitung des Themas keineswegs selbstverständlich auch Antworten. Und wer erst einmal beginnt, wissenschaftliche Publikationen und afrikanische Zeitungen nach Artikeln zu durchforsten, die sich mit traditionellen Heilern beschäftigen, hat viel zu lesen.

Das Spektrum, in dem diese Frauen und Männer arbeiten, ist ungemein breit. Es reicht von Lebenswelten, deren Düsternis den Betrachter mit Grauen erfüllt, bis hin zu Geschichten von beglückender Lebensfreude. Aus dieser Vielfalt ihrer Tätigkeiten darf man durchaus einen Hinweis auf ihre gesellschaftliche Bedeutung ableiten. Fußball und Magie sind zwar nur ein kleines, aber sehr interessantes Segment ihres Tätigkeitsfeldes.

Berichte zu diesem Komplex, die Spekulationen, Mutmaßungen, Gerüchte und wechselseitigen Beschuldigungen sind in afrikanischen Medien ein Dauerthema. Die Erfahrungen, die ich durch die zuvor erwähnten Dreharbeiten mit den *witchdoctors* machen konnte, und das Wissen um die Bedeutung des Fußballs als unangefochtene Sportart Nummer eins auf dem afrikanischen Kontinent verdichteten sich im Laufe der Zeit zu der Idee, einen Film über die Rituale im Fußball zu produzieren.

Im Dezember 2004 beginne ich, an eine ganze Reihe von Fußballverbänden und Clubs in afrikanischen Staaten zu schreiben. Ich rufe den kontinentalen Dachverband CAF (Confederation of African Football) in Kairo an, mache lokale, europäische und deutsche Trainer ausfindig, die afrikanische Teams trainieren, und besorge mir, abgesehen von diesen mündlichen und schriftlichen Stellungnahmen der Trainer, die Dissertation einer norwegischen Ethnologin, die in ihrer Arbeit den Zusammenhang von Fußball und *juju* erarbeitet hat.

Eine weitere, gleichzeitige Entwicklung bestärkt mich, einen Film über die magischen Rituale im afrikanischen Fußball zu drehen: Der damalige tansanische Nationalcoach Charles Boniface Mkwasa wird von seinem Verband entlassen, weil er sich von der Anwendung magischer Mittel im Fußball distanziert hat. Vorausgegangen war eine Art «magisches Gefecht» zweier tansanischer Spitzenmannschaften: Die eine Mannschaft hatte versucht, durch die Anwendung magischer Mittel – bestehend aus zerbrochenen rohen Eiern, gemischt mit einem geheimnisvollen Pulver – den Sieg auf dem Platz sicherzustellen bzw. «herbeizuhexen». Zwei Spieler der anderen Mannschaft antworteten auf diesen unerlaubten, aber schon oft unternommenen Versuch, indem sie diesen Zauber durch den Einsatz eigener magischer Mittel zunichte zu machen suchten. Präzise gesagt pinkelten zwei Spieler der gegnerischen Mannschaft in der Nacht vor dem Spiel heimlich auf den Platz des Stadions, um die magischen Substanzen der Gegner zu neutralisieren. Dabei wurden sie offenbar von Spielern der ersten Mannschaft beobachtet, die daraufhin das Stadion rückwärts gehend betraten, um den Gegenzauber nun ihrerseits wieder aufzuheben. Dieser Schlagabtausch mit Hilfe magischer Rituale endete mit der Verhängung einer Geldstrafe durch den afrikanischen Dachverband CAF und kostete beide Teams umgerechnet 500 US-Dollar.

Als ich kurz darauf von einem befreundeten Werbefilmregisseur erfahre, dass die Bundesregierung gemeinsam mit der DFB-Kulturstiftung zur Fußballweltmeisterschaft 2006 im eigenen Land ein kulturelles Rahmenprogramm entwickelt, beschließe ich, alle bisher gesammelten Details über magische Rituale im Fußball Afrikas in einem Exposé zusammenzufassen. Doch wie soll man dem Thema gerecht werden? Wie soll man einen Film über ein unzweifelhaft existentes Phänomen – magische Rituale im Fußball Afrikas – produzieren, ohne eine von vornherein ablehnende Haltung einzunehmen? Ohne den Glauben an die Wirkung von Magie per se als etwas Rückständiges, im besten Fall Folkloristisches darzustellen?

Die meisten Quellen, die das Dasein und Sosein der Hexerei im Strafraum diskutieren, verwerfen, kritisieren oder auch einfach nur beschreiben, beziehen sich eindeutig auf den geografischen Raum, den die Wissenschaft als Subsahara bezeichnet – also die Region, die südlich der Sahara liegt. Wenn man dem Thema einigermaßen gerecht werden will, kann man schlecht nur einen Ort auf dem Kontinent aufsuchen, eine magische Zeremonie mit ihren Protagonisten filmen und anschließend behaupten, dieses Ereignis habe Gültigkeit für den Fußball des gesamten Kontinents.

Also habe ich die Konzeption entwickelt, wenigstens im Osten, Westen und Süden des Kontinents nach Spielern, Mannschaften, Trainern und vor allem Magiern zu suchen, die magische Mittel und Hexerei anwenden, um im Fußball zu siegen. Schließlich lag das geplante Filmprojekt der Geschäftsführung der DFB-Kulturstiftung in Berlin zur Prüfung vor. Zunächst wurde es André Heller, dem künstlerischen Leiter des kulturellen Rahmenprogramms der WM in Deutschland, vorgestellt. Danach dem Sportausschuss des Innenministeriums und den Vertretern der Parteien des sportpolitischen Ausschusses im Deutschen Bundestag. Wochen und Monate vergingen. «Ausgesuchtes Element des Offiziellen Kunst- und Kulturprogramms der Bundesregierung zur FIFA WM 2006 in Deutschland» zu sein, erforderte zu Recht und verständlicherweise einen gewissen Aufwand. Ich verbrachte die Zeit mit der Beschaffung weiterer Quellen, der Beantragung von Visa und Drehgenehmigungen, erkundigte mich in Tropeninstituten nach den erforderlichen Impfungen, die man für die Einreise in bestimmte Staaten nachweisen muss. Als mich die lang ersehnte Nachricht erreichte, dass das Filmprojekt in das offizielle Kunst- und Kulturprogramm aufgenommen wird, liefen Planung und Drehvorbereitungen bald auf Hochtouren.

Wozu dieses Buch?

Das Thema hat mich jedoch über den Film im Jahr 2006 hinaus bis heute nicht mehr losgelassen. In dem vorliegenden Band versuche ich, eine bestimmte Form des «Glaubens» darzustellen. Ich beschäftige mich darin mit dem Glauben an Magie und Hexerei und ihren uns oft skurril anmutenden Protagonisten, den sportlichen, sozialen, kulturellen und manchmal auch schlicht haarsträubend erscheinenden Hintergründen magischer Rituale in Afrikas Fußball.

Das Buch soll Einblick in einen mysteriösen Aspekt des Fußballs bieten, dessen Existenz den meisten von uns bis vor einigen Jahren vermutlich kaum bekannt war. Erst als sich vereinzelt deutsche und andere europäische Fußballtrainer, die in den Diensten afrikanischer National- und Clubmannschaften standen, hier in Zeitungsinterviews eher beiläufig zu magischen Ritualen im Fußball äußerten, regten rätselhafte Details ihrer Berichte die Phantasie der Leser an. Neugier und Interesse einer breiteren Öffentlichkeit außerhalb Afrikas sind seitdem an diesem Epiphänomen des Fußballs erwacht. Und erst seit einigen Jahren beschäftigen sich auch Wissenschaftler unterschiedlicher Fakultäten und Nationen verstärkt mit dem Thema Magie und Hexerei im Fußball Afrikas. In der deutschen Tagespresse und einigen Magazinen sind in den letzten Jahren Beiträge darüber erschienen – beispielsweise: «Alle träumen von Europa», Der ehemalige Bundesliga-Profi Dietmar Demuth über seine Erfahrungen als Trainer in Ghana, afrikanische Ballfertigkeit und «Voodoo» in der Umkleidekabine. (DER SPIEGEL, 2/2005, S. 117); Rudi Gutendorf über Fußball in Afrika und die Einmischungen von Politikern und dunklen Mächten: «Wehe, der Stammesälteste ist nicht dein Fan» (DIE WELT, 16. Januar 2007); «Der Voodoo Priester verhilft zum Sieg» (DER TAGES-

SPIEGEL, 21. August 2008); «Ballzauber – ganz zauberhaft» (Bartholomäus Grill, DIE ZEIT, 23/2002).

In einigen Passagen dieser Interviews berichteten europäische Trainer, dass sie von ihren afrikanischen Teams kurz vor Anpfiff des Spiels aufgefordert wurden, den Umkleideraum der Mannschaft zu verlassen. Vor Spielbeginn sollte ein Ritual durchgeführt werden, bei dem die Anwesenheit eines Europäers eher störend sei. Doch es sind genau diese geheimen Rituale, die nicht nur die hiesigen Fußballfans neugierig machen: Welcher Zusammenhang besteht also zwischen Fußball und Hexerei oder Magie in Afrika? Den Hauptinhalt des vorliegenden Buches bilden Rechercheergebnisse; vor allem aber sind es Interviews und Fotos, die in verschiedenen Ländern während der Dreharbeiten zu dem erwähnten Dokumentarfilmprojekt entstanden sind: «Kick The Lion – Fußball und Magie in Afrika».*

In zahlreichen Gesprächen und Interviews, die ich dank und mit Hilfe von traditionellen Chiefs, lokalen National- und Clubtrainern, Spielern, Managern, Sportministern und Verbandsfunktionären, Psychologen und Medizinern führen konnte, erhielt ich spannende Einblicke in eine uns weitgehend unbekannte Gedankenwelt des afrikanischen Fußballs. Ich durfte Zeuge geheimer Zeremonien und Rituale sein – habe aber nicht daran teilgenommen – und hatte die seltene Gelegenheit, Magier, «spirituelle Medien», traditionelle Heiler oder *witchdoctors* bei ihrer Beratung und Behandlung von Fußballern zu erleben, zu beobachten und zu befragen. Folglich soll auch dieser Kreis in meinem Buch ausführlich zu Wort kommen. Ob als Trainer, Spieler oder Manager afrikanischer Fußballverbände, Sport- und Kulturminister oder eben als *witchdoctor* und traditioneller Heiler – sie alle sind einerseits Fußballexperten und haben andererseits selbst an irgendeinem Punkt ihrer Karriere mit magischen Ritualen im afrikanischen Fußball Erfahrungen gemacht. Auf den persönlichen, teilweise sehr intensiven Erlebnissen, Schilderungen und Einschätzungen dieser Insider basieren im Wesentlichen die Informationen, die ich in diesem Band verarbeitet und aufgezeichnet habe.

Fußball und Magie – immer eine Meldung wert!

Seit einigen Jahren werden gelegentlich unsere Neugier und Vorstellungskraft, aber ebenso unsere Skepsis durch die Berichte afrikanischer Lokalzeitungen und Radiosender über Fußball und Magie angefacht. Viele Leser schwanken in ihrer spontanen Beurteilung solcher Meldungen vermutlich zwischen «Unglaublich, wie kann man nur?» und «Faszinierend!». Informationen, die ursprünglich von afrikanischen Radiosendern, aus den Lokalzeitungen oder von Internet-Seiten stammen, finden den Weg in westliche Medien, weil sie unsere eher nüchterne Berichterstattung mit einem scheinbar sportfernen, skurril anmutenden, Unterhaltung verheißenden, ja nicht selten phantastischen Element anreichern. Offenbar treffen diese Berichte den Geschmack einer breiten, nicht ausschließlich an Fußball interessierten Leserschaft.

«Lightning kills football team» («Blitzschlag tötet Fußballmannschaft»), titelte beispielsweise die britische BBC 1998 auf ihrer Afrika-Seite und berief sich dabei auf die kongolesische Zeitung *L'Avenir:* In Kasai, im Osten der Demokratischen Republik Kongo, sei im Oktober während eines Fußballspiels die komplette Gastmannschaft von einem Blitzschlag getötet sowie dreißig Zuschauer verletzt worden. Offiziell hatte damals zunächst niemand den Einsatz magischer Mittel bestätigt. Im kongolesischen Kasai verbreitete sich indes sehr schnell das Gerücht, dass die Gastmannschaft von einem *witchdoctor* verflucht worden sei, den die Heimmannschaft Basanga beauftragt habe.

Nicht zuletzt der Umstand, dass nur Spieler des Auswärtsteams bei diesem Vorfall starben und kein einziger Spieler der Heimmannschaft Basanga bei dem tragischen Vorfall zu Schaden kam, mag diese Gerüchte genährt haben. Tatsächlich jedoch fielen «nur» zwei Spieler dem Blitzschlag zum Opfer, wie der kongolesische Journalist der Zeitung *L'Avenir* auf Nachfrage im Jahr 2005 versicherte. Wie die Meldung vom Tod des kompletten Teams von der kongolesischen Zeitung auf die BBC-Seite gelangte, ließ sich im Nachhinein nicht mehr klären.

Es liegt auf der Hand, dass ein *witchdoctor* schwerlich in der Lage ist, den Blitz in bestimmte Spieler einer Mannschaft fahren zu lassen. Nichtsdestoweniger sind solche Gerüchte in Afrika im Umlauf und sorgen dafür, dass der Einsatz von Magie und Hexerei im Alltag breiten Raum für Spekulationen und Beschuldigungen bietet – aber auch als Erklärung für Sieg oder Niederlage im Fußball dienen kann.

Auch im September 2008 starben in der Demokratischen Republik Kongo mehrere Menschen während eines Fußballspiels. Auch damals sprach man von *witchcraft*. Der Ort der tragischen Ereignisse war das Stadion von Butembo in der Nordprovinz Kivu: Tatsächlich starben 13 Menschen, 35 weitere wurden verletzt. Bei diesem Vorfall war aber kein *witchdoctor* im Auftrag eines Teams in Aktion getreten. Vielmehr hieß es, der Torwart der Mannschaft von Nyuki Systems solle selbst magische Mittel angewandt haben, um die drohende Niederlage gegen das Team von Socozaki noch abzuwenden: Im Verlauf der zweiten Halbzeit sei er plötzlich in den Strafraum des Gegners gelaufen und habe dort «magische Substanzen» auf den Platz geträufelt. Ein Mitarbeiter des durch die UNO subventionierten Senders *Radio Okapi* schrieb auf meine Anfrage nach den näheren Umständen, dass es sich bei den magischen Substanzen um eine nicht näher bestimmbare Flüssigkeit gehandelt habe. Sie sollte jedenfalls die Macht des Zaubers neutralisieren helfen, der nach Meinung des Torwarts seine eigene Mannschaft am Torerfolg hinderte. Der Mann war also davon ausgegangen, dass die gegnerische Mannschaft von Socozaki ihrerseits den Platz vor Beginn des Spiels mit einem «Fetisch» präpariert hatte, um den Spielausgang durch Magie zu beeinflussen. Die Spieler von Socozaki aber versuchten ihrerseits wiederum den Nyuki-Systems-Torwart daran zu hindern, diese Flüssigkeit in ihrem Strafraum zu verteilen, um den Zauber des Gegners auf spiritueller Ebene zu brechen. Das Resultat war, dass sich zunächst die Spieler beider Mannschaften auf dem Platz prügelten. Als sich dann auch die gegnerischen Fangruppen der Zuschauer auf den Rängen entschlossen, «ihr» Team handgreiflich zu unterstützen und an der Massenschlägerei auf dem Spielfeld aktiv teilzunehmen, schoss die Polizei Tränengas in die Menge. Im Verlauf der nun ausbrechenden Panik wurden zahlreiche Zuschauer überrannt und zu Tode getrampelt. Nicht die Anwendung vermeintlich magischer Mittel hatte also zum Tod der Zuschauer geführt. Ein Gerücht hatte genügt, um eine gefährliche Situation heraufzubeschwören, die dann eskalierte und schließlich in einer Massenpanik mit fürchterlichen Folgen endete.

Diese Geschichte ist nur eine von vielen, die jedoch häufig einen sehr ähnlichen Verlauf nehmen – den mitunter sehr massiven Auseinandersetzungen gehen häufig wechselseitige Verdächtigungen und Schuldzuweisungen über den Einsatz magischer Praktiken voraus. Tatsächlich ist die Anwendung magischer Substanzen oft Teil einer Art psychologischer Kriegsführung, die in letzter Konsequenz aber Verletzte oder – wie 2008 im Kongo – sogar Todesopfer fordern kann.

Wie reagiert die «zivilisierte Welt» im Westen? Innerhalb weniger Stunden jagt diese Meldung – ebenso wie jene über die vom Blitz erschlagene Fußballmannschaft – in den verschiedensten Medien um den Erdball. Eigentlich erstaunlich, denn Tag für Tag sterben im Kongo weit mehr Menschen durch Gewalt, deren Schicksal aber weder in einer amerikanischen Zeitung noch in einem deutschen Medium den Rang einer gewöhnlichen Meldung erlangt. Und dies gilt umso mehr für den Ausgang eines lokalen Fußballspiels. Doch Hexerei und Fußball ergeben eben eine ganz eigene Mischung, deren phantasieanregende Wirkung die Leser weltweit zu bewegen scheint. Die Vielzahl solcher Meldungen und der Wille herauszufinden, welche davon einen wahren Kern haben, welche übertrieben und welche schlicht frei erfunden sind, war das auslösende Moment meiner Recherche, die im Jahr 2004 begann.

juju, muti *und* gris-gris – *Formen afrikanischer Magie*

Die Anwendung von Magie bzw. Hexerei ist unter der allgemeinen Bezeichnung *witchcraft* im englischsprachigen Afrika bekannt, während man im frankophonen Teil Afrikas meist von «Sorcellerie» spricht. Daneben existieren verschiedene indigene Bezeichnungen, von denen *juju* (Ost- und Westafrika), *gris-gris* (Westafrika) oder *muti* (südliches Afrika) die bekanntesten sind.

Renommierte Wissenschaftler wie zum Beispiel der Niederländer Peter Geschiere, Dirk Kohnert vom Hamburger Institut für Afrika-Kunde oder der Heidelberger Ethnologe Johannes Harnischfeger haben in den vergangenen Jahren neben einigen anderen auf den Unterschied von Hexerei und Magie hingewiesen. Bereits 1927 beschrieb der britische Sozialanthropologe Edward Evans-Pritchard in seinem zum Standardwerk gewordenen Buch «Hexerei, Orakel und Magie bei den Zande» diese beiden Kategorien:

«Hexerei ist ein körperliches und erbliches Phänomen. Die Zande (auch Azande, eine Ethnie, die in der heutigen Zentralafrikanischen Republik und der Demokratischen Republik Kongo lebt) glauben, dass manche Menschen Hexer sind und vermöge einer angeborenen Eigenschaft anderen schaden können. Ein Hexer vollführt keinen Ritus, spricht keinen Spruch und besitzt keine Medizinen, denn Hexerei ist ein seelischer Vorgang. Sie glauben ferner, dass Zauberer ihnen durch die Ausübung magischer Riten mit bösen Medizinen Unglück zufügen können. Die Zande unterscheiden deutlich zwischen Hexern und Zauberern. Gegen beide setzen sie Wahrsager, Orakel und Medizinen ein.» (S. 39, Kapitel I.)

Im alltäglichen Sprachgebrauch in Afrika und vor allem im Umfeld des Fußballs wird jedoch zwischen Magie und Hexerei nicht unterschieden. Mit *witchcraft* bzw. *juju* oder *muti* werden dort meiner Erfahrung nach alle Phänomene bezeichnet, die der spirituellen Sphäre und der nicht erklärbaren Welt der Geister und Dämonen zugerechnet werden.

Ebenso werden die Begriffe *juju* und *muti* auch auf sämtliche Tinkturen, Mittel, selbst angefertigte Präparate, Talismänner und Glücksbringer angewendet, die beim Fußball zum Torerfolg oder zum Sieg verhelfen sollen. Der Begriff *witchcraft* erscheint häufig in Verbindung mit manipulierten Fußballspielen in Ost-, West- und auch dem südlichen Afrika und wird in solchen Zusammen-

Ein muti*-Markt in Durban, Südafrika. Die Verwandte eines traditionellen Heilers (Sangoma) bewacht die zum Verkauf ausgebreiteten Tierknochen, darunter die Schädel eines Löwen und einer Hyäne. Oktober 2004.*

hängen von Spielern, Managern, Club- und CAF-Offiziellen immer wieder gebraucht.

So löste Ende April 2005 ein einziger Satz im Chiwembe Technical Center (Sitz der Football Association of Malawi, FAM in Blantyre, Limbe) zunächst lebhaftes Gemurmel und dann einen ziemlichen Aufruhr aus. Anschließend schwankten die Repräsentanten verschiedener nationaler afrikanischer Fußballverbände zwischen zustimmendem Nicken, stummem Protest und lautstarkem Widerspruch. Eine technische Kommission des kontinentalen Fußballverbandes erörterte damals im ostafrikanischen Blantyre gerade das «Langzeit-Aktionsprogramm» des malawischen Fußballverbandes FAM.

Damals konfrontierte Benjamine Koufie, der inzwischen technischer Direktor des afrikanischen Kontinentalverbandes CAF ist, die Konferenzteilnehmer in Malawi mit seinen umfangreichen persönlichen Erfahrungen, die er sowohl als aktiver Spieler Ghanas wie auch als langjähriger Funktionär und Manager der Confederation of African Football (CAF) hatte sammeln können.

Sein Satz, der damals die Kontroverse auslöste, lautete: «Fälschlicherweise haben die meisten afrikanischen Fußballverbände die finanzielle Unterstützung der FIFA gelegentlich für die Bezahlung ihrer *witchdoctors* und magischer Mittel benutzt, da sie ihren Nationalmannschaften auf diesem Weg zum Sieg zu verhelfen glaubten.»

Koufie pflegte strittige und manchmal delikate Aspekte des afrikanischen Fußballs unerschrocken und offen beim Namen zu nennen, auch gerne in Zeitungsinterviews. Nicht immer hat ihm diese Offenheit Freundschaft und Zustimmung eingetragen. Manchen der anwesenden Fußballfunktionäre entlockte dieser Satz – wie gesagt – bloß ein gequältes Lächeln, andere reagierten heftiger. Nicht unbedingt das Thema der spontanen Äußerung löste diese Reaktionen aus. Sämtliche Teilnehmer waren über dieses für gewöhnlich mit großer Diskretion, ja absoluter Verschwiegenheit behandelte Faktum zu gut informiert. Es war vielmehr die kühne Offenheit eines Insiders, der seit Jahrzehnten Betrieb und Struktur des afrikanischen Fußballs in Tiefe und Breite kannte, die provozierte. Wie konnte er es wagen, dies laut zu äußern? Er – ein Mann, der die Verantwortlichen der meisten nationalen afrikanischen Verbände seit vielen Jahren ebenso gut kannte wie die Verantwortlichen der großen Clubs?

Koufie hatte im Laufe der Jahre so ziemlich alle Ebenen des Fußballs in Ghana erklommen. Als aktiver Fußballer war er Stürmer und Kapitän der Nationalmannschaft, anschließend Nationaltrainer und Präsident des ghanaischen Fußballverbandes, und schließlich wurde er Technical Director im Komitee des Kontinentalverbandes CAF, der 1957 in Kairo gegründet wurde und mit 54 Mitgliedern der größte der sechs Kontinentalverbände der FIFA ist. Seine persönlichen Erfahrungen mit magischen Ritualen, an denen er selbst teilgenommen hatte, um das Ergebnis eines Fußballspiels im Sinne seines Teams zu beeinflussen, schilderte Benjamine Koufie ohne Scheu in einem Interview, als wir ihn in Ghanas Hauptstadt Accra trafen:

«Ich selbst habe beispielsweise an dem folgenden magischen Fußballritual teilgenommen. Und zwar nachts um zwölf auf einem Grab des Friedhofs der Stadt Cape Coast. Ich spielte damals für die Cape Coast Vipers in einem Derby, das übrigens alles andere als ein Spaziergang war. Es war ein überaus wichtiges Spiel gegen unsere Erzrivalen, die Cape Coast Mysterious Dwarfs. (Cape Coast, Hauptstadt des Cape Coast Municipal Districts und der Central Region Ghanas am Golf von Guinea. Cape Coast Venomous Vipers, Clubmannschaft der ghanaischen Liga – Anmerkung des Autors.)

In der Nacht vor diesem wichtigen Derby wurden meine Clubkameraden und ich vom Management der Vipers auf einen Friedhof gebracht. Man sagte uns, dass wir dort in dieser Nacht auf einem bestimmten Grab in einer geheimnisvollen Flüssigkeit baden sollten (gemeint ist hier, die Spieler sollten sich mit der Flüssigkeit abwaschen), die ein *witchdoctor* unseres Teams mitbrächte. Einen jungen Mann, der wenige Tage zuvor bei einem Verkehrsunfall ums Leben gekommen sei, habe man dort gerade beerdigt. Der traditionellen Vorstellung in vielen Regionen in- und außerhalb Afrikas entsprechend, verliert der Körper eines Menschen für gewöhnlich während des Alterns die Lebenskraft, die sogenannte *life essence*. Da dieser Mann aber durch einen Unfall plötzlich und in jungen Jahren aus dem Leben gerissen worden war, sei diese Lebenskraft noch nicht aus seinem Körper entwichen. Von dem Grab dieses Mannes ginge deshalb eine mächtige Kraft (wörtlich: «a powerful ghost») aus, die einer Mannschaft zum Sieg verhelfen könne.

Ein paar Spieler unserer Mannschaft gingen also zu diesem Grab und wuschen sich mit dieser übel riechenden Flüssigkeit. Anschließend sollten wir uns für den Rest der Zeit vor dem Spiel weder waschen noch kämmen. Nun ja, was soll ich sagen, wir haben diese Zeremonie natürlich mitgemacht, aber das Derby gegen die Mysterious Dwarfs trotz all dieses spirituellen Aufwands mit 0:3 verloren. Ich erinnere mich, dass der *witchdoctor* unserem Teammanagement damals sagte, dass die Gegner eben einen stärkeren Zauber benutzt und mehr investiert hätten, anders sei ihr Sieg über unsere Mannschaft nicht zu erklären.» (Benjamine Koufie, eigenes Interview, Ohene-Djan-Sports-Stadion Accra, Ghana, 18. August 2005)

Dies ist nur eine von zahlreichen persönlichen Schilderungen, die zum besseren Verständnis der magischen Praktiken im afrikanischen Fußball beitragen sollen. Der Inhalt von Benjamine Koufies Bericht unterscheidet sich deutlich von dem oben erwähnten BBC-Artikel und anderen Zeitungsmeldungen. Nicht zuletzt deshalb, weil er von einem glaubwürdigen Teilnehmer eines solchen Rituals stammt und nicht etwa im Nachhinein von Dritten konstruiert wurde, um einem ansonsten unerklärlichen Vorfall eine einleuchtende Erklärung zu geben.

Und darum geht es mir auch in diesem Buch – ebenso wie in dem Film, den ich produziert habe: Ich möchte die Hintergründe und den Wahrheitsgehalt bizarrer und nicht selten verstörender Meldungen über Geschichten, Traditionen und *cooked stories* im afrikanischen Fußball verstehen: Wer wendet magische Rituale oder Hexerei im Fußball an? Was ist im Einzelfall tatsächlich geschehen? Wie wurde die Realität anschließend umgedeutet, verändert, manipuliert? Welche Traditionen liegen den magischen Ritualen im Fußball Afrikas zugrunde? Wer versucht, diese Traditionen möglicherweise zu vereinnahmen, zu instrumentalisieren? Und zu welchem Zweck?

Eine kurze Geschichte des Fußballs in Afrika

Welche Weltregion als rechtmäßige Geburts- bzw. Gründungsstätte des Fußballs zu gelten hat, wird mit schöner Regelmäßigkeit ebenso leidenschaftlich wie kontrovers diskutiert. Während Großbritannien als das sogenannte «Mutterland» des modernen Fußballs einigermaßen unstrittig ist, werden als Ursprungsländer, in denen Vorformen «unseres» Fußballs gespielt wurden, gern China, Japan sowie Regionen in Mittel- und Nordamerika oder sogar die Arktis genannt.

In Militärhandbüchern der chinesischen Tsin-Dynastie (255–206 v. Chr.) wird «Tsu Chu» erwähnt – ein Mannschaftsspiel, das von Soldaten gespielt wurde und Teil ihrer körperlichen Ertüchtigung war. «Tsu» könnte man mit «Tritt (den Ball) mit den Füßen» übersetzen, während «Chu» einen «gefüllten» oder «gestopften» Ball meint. In den Militärhandbüchern der Han-Dynastie (206 v.–220

n. Chr.) ist das Spielgerät als «Zuqui» aufgeführt – ein aus Lederstücken genähter Ball von der Größe eines Volleyballs, gefüllt mit Tierhaaren. In den Mythen und Legenden der Inuit wird von einem Spiel berichtet, das «Aqsaqtuk» heißt, was wörtlich übersetzt zwar «nördliches Licht» bedeutet, aber wohl «Fußball auf dem Eis» meint. Zwei Mannschaften, deren Spielerzahl variieren konnte, spielten auf Tore, die aus Tierhäuten und Walknochen bestanden. Frühe Aufzeichnungen von Missionaren belegen, dass bestimmte Ethnien der nordamerikanischen Indianer bereits im Jahr 1620 «Pasuckaukohowog» spielten, was wörtlich übersetzt so viel bedeutet wie: «Sie kommen zusammen, um den Ball mit dem Fuß zu spielen.»

Doch welche Nationen bzw. Regionen der Welt auch um das Vorrecht rangeln mögen, die Vorformen des Fußballs als Erste für sich reklamieren zu können, bleibe dahingestellt. In Afrika stand jedenfalls die Wiege der Menschheit, und wer kann schon mit Bestimmtheit sagen, ob nicht unsere Urahnen dort schon lange vor ihren Urenkeln aus den anderen Weltgegenden das Runde mit dem Fuß in das Eckige befördert haben?

Weit wichtiger und viel ernster ist freilich die Tatsache, dass in weiten Teilen der Welt das Begriffspaar Unterentwicklung und Armut dem afrikanischen Fußball vorauseilt: verwüstete Plätze, schäbige Tore, Bälle aus Lumpen, meist getreten von Kinderfüßen ohne Schuhe – ein Bild, das sich selbst in den Köpfen vieler Fußballliebhaber bis heute hartnäckig hält. Nun wäre es sicher unangemessen zu behaupten, dass dieses Bild jeder Grundlage entbehrt. Natürlich konnte und kann man dieses Szenario finden, wenn man danach sucht. Doch um diese Facette des Fußballs in Afrika richtig einordnen zu können, sollte man sich zunächst klarmachen, dass dieser Breitensport dort viel mehr als nur ein Spiel und zudem besonders eng mit der kolonialen Vergangenheit Afrikas verbunden ist.

So unterschiedlich die Ausgangsbedingungen der afrikanischen Regionen und die Beziehungen zwischen den europäischen Kolonialstaaten zu den Nationen Afrikas sind, so wenig ist es möglich, die komplexe Geschichte des Fußballs in all seinen Zusammenhängen für den gesamten Kontinent einheitlich zu erzählen. So passt hinter diesen schmalen Buchrücken zwar unmöglich die Geschichte des Fußballs aller afrikanischen Staaten, wohl aber ist es möglich, einen Blick auf einige wenige seiner ruhmreichen Vertreter zu werfen, die das hohe sportliche Ansehen afrikanischer Mannschaften prägten, und gleichzeitig die Vielfalt der Entstehungsbedingungen erkennen zu lassen.

Wer sich im deutschsprachigen Raum ganz allgemein für die Historie des Fußballs in Afrika interessiert, wird bald die beiden folgenden Feststellungen treffen: Zum einen ist, gemessen an der großen Beliebtheit und der Bedeutung des Fußballs für den afrikanischen Kontinent, der Umfang der hierzulande veröffentlichten Literatur – zumal von Texten, die den historischen Kontext der «Sportart Nummer eins» thematisieren – eher bescheiden. Zum anderen hat der Fußball Afrikas nicht früher als vor etwa 20 Jahren erste ganz große sportliche Erfolge feiern und haben seine Protagonisten die internationale Bühne wahrnehmbar für die Augen der Welt erklimmen können, obwohl auf dem Kontinent – je nach Region – nachweislich schon seit etwa 150 Jahren Fußball gespielt wird.

Die jüngere Geschichte des Fußballs in Afrika ist untrennbar mit den ersten sportlichen Erfolgen Ägyptens verbunden: Der kontinentale Verband CAF mit Sitz in Kairo ist mit seinen 54 afrikanischen Mitgliedsstaaten heute der zahlenmäßig größte der insgesamt sechs kontinentalen Verbände unter dem Dach der FIFA. Neben dem CAF sind dort die AFC (Asian Football Confederation), CONCACAF (Confederation of North, Central American and Caribbean Association Football), CONMEBOL (Confederación Sudamericana de Fútbol) OFC (Oceania Football Confederation) und der UEFA (Union of European Football Associations) organisiert.

Ägypten, Afrikameister im Jahr 2008, wurde schon 1923 in die FIFA aufgenommen und repräsentierte als erstes afrikanisches Team den Kontinent bei einer Weltmeisterschaft – und zwar jener von 1934 in Italien, als die «Pharaonen» nach einer 4:2-Niederlage gegen Ungarn ausschieden. Gemeinsam mit Sudan, Äthiopien und Südafrika war es dann wiederum Ägypten, das entsprechend seiner sportlichen Bedeutung zu den vier Gründungsnationen der CAF im Jahr 1957 gehörte.

Angesichts der herausragenden gesellschaftlichen Bedeutung des Fußballs in Afrika soll den folgenden Kapiteln über *witchdoctors*, ihre magischen Praktiken und Kräfte ein Kapitel vorangestellt werden, das anhand einiger Beispiele Geschichte und Dynamik der Ausbreitung des Fußballs in Afrika wenigstens schlaglichtartig erhellt.

Tempo und Intensität, mit denen sich die Verbreitung des Fußballs in Afrikas Regionen vollzogen haben, waren natürlich verschieden. Wichtige Gründe für die Unterschiede werden erkennbar, wenn man die Missionstätigkeit, das Eindringen sowie die teilweise Eroberung und Besiedlung Afrikas durch die europäischen Kolonialmächte in den Blick nimmt.

Es ist stets das gleiche Personal, das den Fußball aus der europäischen Heimat mitbringt und in den verschiedenen Regionen Afrikas zwar vor den Augen, zunächst aber ohne größere Beteiligung der lokalen Bevölkerung spielt. Ob Briten, Franzosen, Deutsche, Belgier, Portugiesen oder Italiener – im Wesentlichen sind es die drei folgenden Personengruppen aller Kolonialstaaten, die den Fußball nach Afrika exportieren: Es waren Missionare, die Angestellten und Arbeiter der Kolonial- und Handelsgesellschaften sowie die Militärs, die diese Sportart aus ihren Mutterländern mitbrachten und zum Zeitvertreib in ihrer neuen Umgebung spielten.

Kamerun

Im Falle Kameruns freilich verlief die Verbreitungsgeschichte des Fußballs ein wenig anders: Ein Wanderarbeiter aus dem westafrikanischen Küstenstaat Sierra Leone soll angeblich im Jahre 1922 den Fußball nach Kamerun «eingeschleppt» haben. In seinem Gepäck befand sich ein Fußball aus Kautschuk, mit dem er und sein Cousin sich im Hafen von Douala Pässe zuspielten.

Das allein klingt schon recht abenteuerlich, doch angeblich soll dieser Mann auch noch George Goethe geheißen haben – eine Idee seines Großvaters, dessen Begeisterung für deutsche Literatur sich sogar im Nachnamen der Familie niederschlug. Am Tag von Georges Geburt habe dessen Großvater ein Gedicht von Goethe gelesen, und so seien sein Enkel und dessen Nachfahren zu diesem aparten Namen gekommen, wie ich einem handschriftlichen Manuskript vom 12. September 1966, das ich aus dem Archiv der FIFA erhielt, entnehmen konnte. Ein direkter Nachfahre namens Cyrill Goethe soll übrigens als ehemaliger Parlamentsabgeordneter heute ein Fotostudio irgendwo im Straßengewirr der Hafengegend Doualas betreiben und alle Belege dieses Entstehungsmythos aufbewahren. Doch weder mit Hilfe der Mitarbeiter des Goethe-Instituts in Kamerun noch durch weitere Nachforschungen lokaler Fußballexperten des Sportsenders *Canal 2* oder durch Recherchen in der dortigen Seemannsmission konnte ich eine weitere Spur der Existenz von Cyrill Goethe und seinem fußballbegeisterten Vorfahren finden.

Sollte also der Fußball tatsächlich auf diese Weise nach Kamerun gelangt sein, so kann man guten Gewissens von einer Ausnahme sprechen. Wie auch immer: Das erste Länderspiel, das die Mannschaft von Kamerun 1960 gegen Somalia austrug, gewann sie mit dem Traumergebnis von 9:2. Bis heute ist Kamerun das einzige

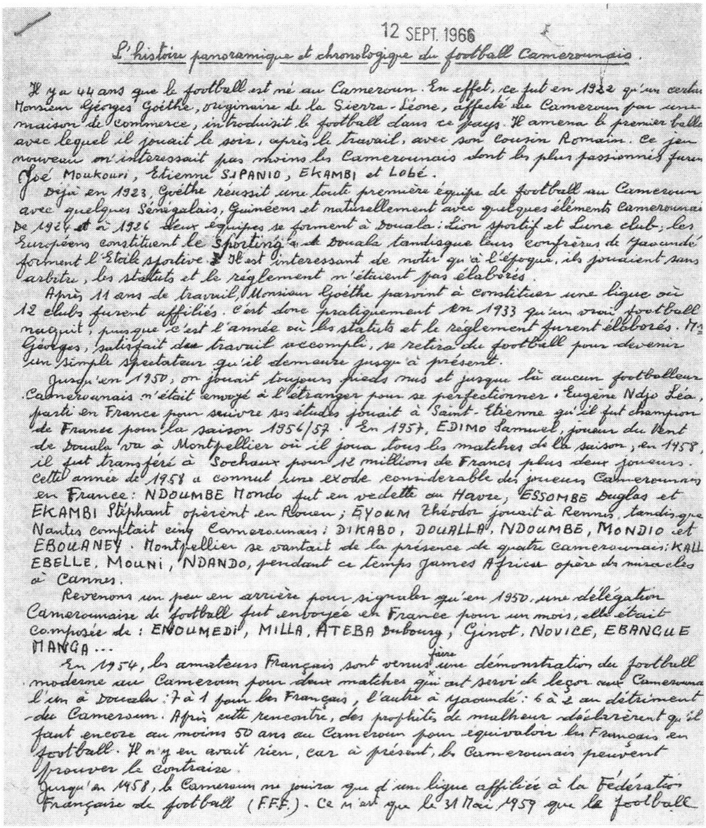

12 SEPT. 1966

L'histoire panoramique et chronologique du football Camerounais.

Il y a 44 ans que le football est né au Cameroun. En effet, ce fut en 1922 qu'un certain Monsieur Géorges Goëthe, originaire de la Sierra-Léone, affecté au Cameroun par une maison de commerce, introduisit le football dans ce pays. Il amena le premier ballon avec lequel il jouait le soir, après le travail, avec son cousin Romain. Ce jeu nouveau n'interessait pas moins les Camerounais dont les plus passionnés furent Joé Moukouri, Etienne SIPANIO, EKAMBI et Lobé.

Déjà en 1923, Goëthe réussit une toute première équipe de football au Cameroun avec quelques Sénégalais, Guinéens et naturellement avec quelques éléments Camerounais. De 1924 à 1926 deux équipes se forment à Douala: Lion sportif et Lune club; les Européens constituent le Sporting de Douala tandisque leurs confrères de Yaoundé forment l'Etoile sportive. Il est interessant de noter qu'à l'époque, ils jouaient sans arbitre, les statuts et le réglement n'étaient pas élaborés.

Après 11 ans de travail, Monsieur Goëthe parvint à constituer une ligue où 12 clubs furent affiliés. C'est donc pratiquement en 1933 qu'un vrai football naquit, puisque c'est l'année où les statuts et le réglement furent élaborés. Mr Géorges, satisfait du travail accompli, se retira du football pour devenir un simple spectateur qu'il demeure jusqu'à présent.

Jusqu'en 1950, on jouait toujours pieds nus et jusque là aucun footballeur Camerounais n'était envoyé à l'étranger pour se perfectionner. Eugène Ndjo Léa, parti en France pour suivre ses études jouait à Saint-Etienne qu'il fut champion de France pour la saison 1956/57. En 1957, EDIMO Samuel, joueur du Vent de Douala va à Montpellier où il joua tous les matches de la saison, en 1958, il fut transféré à Sochaux pour 12 millions de Francs plus deux joueurs. Cette année de 1958 a connu une exode considerable des joueurs Camerounais en France: NDOUMBE Mondo fut en vedette au Havre; ESSOMBE Duglas et EKAMBI Stéphant opèrent en Rouen; EYOUM Théodor jouait à Rennes, tandisque Nantes comptait cinq Camerounais: DIKABO, DOUALLA, NDOUMBE, MONDIO et EBOUANEY. Montpellier se vantait de la présence de quatre camerounais: KALL EBELLE, MOUNI, NDANDO, pendant ce temps James Africa opère des miracles à Cannes.

Revenons un peu en arrière pour signaler qu'en 1950, une délégation Camerounaise de football fut envoyée en France pour un mois, elle était composée de: ENOUMEDI, MILLA, ATEBA Dubourg, Ginot, NOVICE, EBANGUE MANGA ...

En 1954, les amateurs Français sont venus faire une démonstration du football moderne au Cameroun pour deux matches qui ont servi de leçon aux Camerounais l'un à Douala: 7 à 1 pour les Français, l'autre à Yaoundé: 6 à 2 au détriment du Cameroun. Après cette rencontre, des prophètes de malheur déclarèrent qu'il faut encore au moins 50 ans au Cameroun pour équivaloir les Français en football. Il n'y en avait rien, car à présent, les Camerounais peuvent prouver le contraire.

Jusqu'en 1958, le Cameroun ne jouira que d'une ligue affiliée à la Fédération Française de football (F.F.F.). Ce n'est que le 31 Mai 1959 que le football

Land Afrikas, das jemals ein WM-Viertelfinale erreichte – das es dann nur äußerst knapp in der Nachspielzeit gegen die englische Auswahl verlor. Im denkwürdigen Finale der Olympischen Spiele

Ein handschriftliches französischsprachiges Manuskript eines unbekannten Autors, das die angeblichen Ursprünge und die Entstehungsgeschichte des Fußballs in Kamerun zusammenfasst; es wird seit 1966 im Archiv der FIFA aufbewahrt. (Der Abdruck in diesem Buch erfolgt mit freundlicher Genehmigung der Presseabteilung der FIFA.)

von Sydney im Jahr 2000 erkämpften die in diesem Spiel wirklich «unbezähmbaren Löwen» von Kamerun zuerst die Verlängerung und besiegten schließlich im Elfmeterschießen die Mannschaft Spaniens mit 5:3. Insgesamt gewannen sie viermal den Africa Cup (1984, 1988, 2000, 2002) und sind eines der erfolgreichsten Teams des gesamten Kontinents.

Äthiopien / Eritrea

Unter welch gänzlich anderen Vorzeichen der Fußball im 19. und 20. Jahrhundert vom Alten Kontinent nach Afrika exportiert wurde und wie er sich dort ausbreitete, soll am Beispiel Äthiopiens bzw. Eritreas und Italiens kurz skizziert werden Schon gegen Ende des 19. Jahrhunderts steigerte Italien sein militärisches Engagement, um im kolonialen Wettlauf um Afrika – letztlich um Rohstoffe und Territorium – nicht hinter die Erfolge der imperialistischen Konkurrenten zurückzufallen. Italien erhob den Anspruch, aus Somaliland, Eritrea und Äthiopien Protektorate bzw. Besatzungsgebiete zu machen. Als Italien dem Kaiserreich Äthiopien schließlich 1935 den Krieg erklärte, bot es im sogenannten Abessinien-Krieg mit mehr als 320 000 Mann das größte Heer nichtafrikanischer Soldaten auf, das je auf diesem Kontinent stationiert war.

Der Fußballweltmeister von 1934 betonte mit diesem Akt seinen Anspruch auf einen ihm angemessen erscheinenden Platz auf der weltpolitischen Bühne. Neben allen furchtbaren militärischen Folgen dieses Schrittes sollte das kriegerische Eindringen vieler junger Italiener auch Konsequenzen für die Entstehung des Fußballs in «Italienisch Ostafrika» zeitigen. Stand der Sport Italiens schon seit den Tagen des Ersten Weltkriegs unter der organisatorischen Kontrolle des Comitato Nazionale Olimpico Italiano (CONI, das Nationale Olympische Komitee Italien), so galt dies im Weiteren auch für die afrikanischen Kolonien des Adriastaates.

In Eritreas mildem Hochlandklima bauten die italienischen Invasoren in den 30er Jahren die einst kleine Stadt Asmara zur Hauptstadt ihrer Kolonie Eritrea aus. Unweit der Küste des Roten Meeres entstanden so auf 2500 Metern Höhe, in einem beispiellosen Bauboom innerhalb weniger Jahre, mehrere hundert Gebäude der modernistisch-futuristisch anmutenden Architektur des sogenannten «Art Deco» und des «Novecento».

Mensch und Material strömten unablässig und in zuvor nie erreichter Menge aus Italien nach Ostafrika. Damals kamen neben den abertausenden Soldaten zusätzlich mehr als 60 000 zivile Arbeiter in das ostafrikanische Eritrea. Sie bildeten 70 Kilometer vor der Küste Ostafrikas eine homogene Gruppe ebenso tatkräftiger wie vergnügungsfreudiger junger Männer, deren dienstfreie Zeit in der Fremde gestaltet sein wollte: So organisierte das Comitato Nazionale Radfahr- und Schwimmwettbewerbe sowie Autorennen und baute allein in der Region Asmara nicht weniger als acht Fußballstadien. Damals spielten rein italienische Mannschaften gewissermaßen in einer afrikanischen Ausgabe der «Seria A» um die Meisterschaft. Mit der *Luce Sport* und *Vita Sportiva* erschienen im fernen Eritrea sogar bald zwei italienische Sportzeitungen. Entsprechend der rassistischen Ideologie Mussolinis fanden in den 20er und 30er Jahren Sport und Freizeitgestaltung der Kombattanten und Arbeiter in «Italienisch Ostafrika» unter Ausschluss der lokalen Bevölkerung statt – das schillernde italienische Design, die prächtigen Boulevards, Busse, Kinos und ebenso der Fußball waren «soltanto per i bianchi» – «nur für Weiße».

In diesem Fall war also das italienische Militär der Transmissionsriemen, über den der Fußball auf den afrikanischen Kontinent gelangte, und es sollte auch das Militär sein, das mittelbar dazu beitrug, dass sich der Fußball unter den Einheimischen Ostafrikas ausbreitete: Ein Jahr nachdem tausende Eritreer als Hilfstruppen an der Seite des italienischen Militärs das benachbarte Äthiopien erobert hatten, wurden im Dezember 1936 sechs Mannschaften aus den Reihen dieser afrikanischen Hilfstruppen aufgestellt. Die eritreischen Fußballer durften zwar noch nicht gegen die italienischen Teams spielen, kickten aber in einer eigenen Liga und trugen sogar einen Wettbewerb aus.

Zwischen 1936 und 1941 spielten die Fußballer in Italienisch Ostafrika also entsprechend der von Mussolini gewollten Segregation in zwei ethnisch getrennten Ligen. Nachdem Italien im Kampf um die Kolonie Eritrea dem britischen Empire zu Beginn des Zweiten Weltkriegs unterlegen war, kam freilich der Spielbetrieb in beiden Ligen völlig zum Erliegen. Die siegreichen Briten behielten zwar die von der italienischen Kolonialmacht geschaffene Infrastruktur der Sport- und Freizeitgestaltung bei. Ja, sie beschäftigten sogar in diesem Bereich weiterhin Italiener, doch schafften sie unverzüglich die von Italien errichteten Rassenschranken ab. Das Olympische Komitee Italiens CONI versuchte zwar zunächst noch die einheimischen Mannschaften vom Spielbetrieb ihrer «Seria A» unter Hinweis auf die Statuten auszuschließen – die Teilnahme sei nur Spielern mit italienischem Pass gestattet –, doch die neuen Kolonialherren des britischen Empire verfügten, dass fortan auch die eritreischen Spieler teilnahmeberechtigt seien. Bis zum ersten Turniersieg einer äthiopischen Nationalmannschaft sollten allerdings noch 20 Jahre vergehen. Nur ganz allmählich und gegen einigen Widerstand der Südeuropäer tasteten sich die afrikanischen Spieler in einer ehemals «rein weißen» Sportart voran. Immerhin waren die ersten formalen Schritte vollzogen und durch die Briten legitimiert. Es folgten zunächst Freundschaftsspiele zwischen italienischen und eritreischen Vereinen, dann entstanden gemischte Teams, und schließlich kam der große Tag: Am 21. Januar 1962 stemmte die äthiopische Nationalmannschaft den Pokal des Africa Cups der Nationen in die Höhe! Erst recht bemerkenswert, wenn man berücksichtigt, dass im Team des ehemaligen Kriegsgegners Äthiopien auch neun Spieler aus Eritrea zum Finale aufliefen. Gewiss ist der skizzierte Zusammenhang von militärischer Intervention bis zum Turniersieg einer afrikanischen Mannschaft im Fußball nicht typisch für dessen Entwicklungsgeschichte im Spannungsfeld afrikanischer Kolonien und ihrer Mutterländer. Doch enthält er durchaus Elemente, die auch in anderen Staaten Afrikas Wirkung entfalten sollten.

Dass gerade auf diesem Kontinent die Entwicklung des Fußballsports auch immer wieder an geschichtliche und zeitgeschichtliche Prozesse geknüpft war, dass sich an manchen Orten unserer Reise die politische Geschichte mit der Gründung von Fußballstadien und -vereinen wahrnehmbar zu einem regelrechten Mythos verdichtet hatte, konnten wir in vielen Interviews erfahren und bewundern. Auch in dieser Hinsicht lernten wir Plätze und Orte kennen, die eine geradezu magische Anziehungskraft ausstrahlten: auf die Massen der lokalen Fußballfans, auf manchen Politiker – und schließlich auch auf uns. So auch in Tansania, der nächsten Station unserer kleinen Reise durch die Fußballhistorie Afrikas.

Tansania

Lange vor der Unabhängigkeit Tansanias von Großbritannien zu Beginn der 1960er Jahre wurde bereits im Jahre 1935 in Daressalam (auf Arabisch: «Dar as-Salam», also etwa «Haus des Friedens») der Young Africans Football Club gegründet, der von seinen Anhängern wie auch von den gegnerischen Fans schlicht Yanga genannt wird.

Vor der Unabhängigkeit vom Vereinigten Königreich verbot die britische Krone wie auch andernorts im Kolonialreich so auch in Tansania grundsätzlich öffentliche Versammlungen. Dahinter verbarg sich vor allem die Angst, dass sich die Bevölkerung auf Straßen und Plätzen treffen könnte, um zu diskutieren, sich in politischen Programmen und Forderungen zu artikulieren und schließlich zum Widerstand zu formieren. Doch so sehr sich die

Briten auch bemühten, das Aufkommen einer Unabhängigkeitsbewegung zu verhindern, so erfolglos sollte dieser Versuch bleiben. Und der Freiheitswille entfaltete sich eben auch dort, wo die Unterdrückten zusammenkamen, um tatsächlich oder nur angeblich beim Fußballtraining zuzusehen. Genau solch ein Platz war das Spielfeld des Young Africans FC in Daressalam. In der Zeit der Freiheitsbewegung war er ein beliebter Treffpunkt des künftigen Staatspräsidenten Julius Nyerere und seiner Mitstreiter, so berichten es heute die Alten im Club.

Die Leute seien damals in den 50er und 60er Jahren unter Führung von «Mwalimu» Nyerere – was so viel heißt wie «Lehrer»; so wurde der erste Präsident des unabhängigen Tansania zeit seines Lebens respektvoll genannt – scheinbar dorthin gegangen, um den Yangas beim Training zuzuschauen. In Wirklichkeit seien aber politische Zusammenhänge diskutiert und so schließlich die Unabhängigkeit des Landes auf dem Gelände des Fußballclubs vorbereitet worden. Noch heute sei dieser Platz – damals einfach eine freie Fläche ohne die jetzigen Gebäude und das Clubhaus – ein sehr bedeutender, historisch aufgeladener Ort, wie die alten Herren des Clubs nicht ohne Stolz erzählen. Die Clubfarben Schwarz, Gelb und Grün erinnern noch heute an diesen sportlich-politischen Prozess und finden sich dementsprechend in der tansanischen Nationalflagge wieder.

Es ist gewissermaßen die Ironie der Geschichte des Fußballs in Afrika, dass er mitunter einige Bedeutung auf dem Weg der Befreiung von den Kolonialmächten erlangte und so auch zur politischen Unabhängigkeit Tansanias und anderer Nationen beigetragen hat, während die Gründe, weshalb man ihn einführte, natürlich ganz andere waren: Im Fall Tansanias waren es zunächst deutsche und anschließend britische Kolonialbeamte und Missionare, die zwischen 1896 und 1961 in der Einführung moderner europäischer Wettkampfsportarten ein nützliches und machtvolles Instrument zur geistig-körperlichen Erziehung der lokalen Bevölkerung sahen.

Durch körperliche Ertüchtigung und Sport transportierten sie ihre Auffassung von Zivilisation und unterdrückten gleichzeitig die einheimischen, traditionellen Sportarten. Hexerei und die Anwendung magischer Mittel spielten nämlich bei indigenen Spielen und vor allem bei Tänzen eine wesentliche Rolle.

Insbesondere Missionare interpretierten die Tänze und traditionellen Spiele damals als heidnische, ganz barbarische Ausdrucksformen, die sie ebenso wie die Hexerei zu verbieten und zu unterdrücken suchten. Wie in einigen anderen Staaten Afrikas war – und ist – auch in Tansania nicht nur der Glaube an Hexerei strafbar. Die britische Kolonialverwaltung versuchte zu Beginn der 20er Jahre, die Kontrolle über magische Aktivitäten durch einen Erlass – den *witchcraft ordinance* – zu erlangen, ging also systematisch gegen Hexerei vor. Daher wurden Verstöße durch die Gerichtsbarkeit hart geahndet, angebliche Hexen oder Hexer mitunter sogar getötet, und zwar auch ohne Prozess. In den überarbeiteten Fassungen von 1928, 1965 und auch noch in einer weiteren von 1995 sind «Hexerei, Verzauberung, Beschwörung, Verhexen, der Gebrauch von Gegenständen zur Ausübung der Hexerei, die (fälschlich) behauptete Anwendung aller geheimen Kräfte und Mächte sowie die behauptete Kenntnis geheimen (okkulten) Wissens strafbar». Bis zu sieben Jahren Haft, eine Strafe in Höhe von 4000 Shilling oder beides drohte den Tätern im Falle einer Verurteilung.

Im Glauben an geheime Mächte, der seinen Ausdruck in Tänzen, Riten und traditionellen Spielen fand, erblickten die Weißen nichts anderes als Zeugnisse der Rückständigkeit und heidnische Bräuche. Dagegen erschienen ihnen Maßband, Stoppuhr, Halbzeiten, Wettrennen, einheitliche Spielfelder und Linien als rationale Gegenmittel, mit deren Hilfe den Bewohnern Afrikas eine «westlich moderne» Weltsicht anerzogen werden sollte. So stellten sich die Herren sinnvolle Freizeitgestaltung, körperliche Ertüchtigung und Förderung des Wettkampfgedankens durch den Sport vor, der selbstverständlich ihren Vorstellungen entsprechen, an ihren zivilisatorischen Maßstäben gemessen und europäischen Regeln unterworfen sein musste.

Lokale Körperkultur und traditioneller Sport wurden durch die systematisierten Übungsformen der Weißen allmählich verdrängt und ersetzt. Im Englischen heißen Wiederholungen von Übungen schlicht «Training». «Leibeserziehung» oder «Leibesertüchtigung» sind deutsche Begriffe, die kolonialistische Werthaltungen noch eher spiegeln. Disziplin, Pünktlichkeit, Konformität und Moral waren die Werte, deren Durchsetzung nach Meinung der Kolonialherren das Vehikel Fußball auf dem afrikanischen Kontinent befördern sollte. Der Reisebericht einer deutschen Missionarin erhellt die Sicht der Kirche auf die tansanische Spiritualität im Jahr 1960:

«Die Ahnenverehrung ist als Ahnenkult der wesentlichste Bestandteil der ostafrikanischen Religionen. Man bringt den Verstorbenen Opfer. Man gibt ihnen, wenn sie nachts in der Gestalt von Schlangen, Ratten und Maulwürfen in die Hütten zurückkehren, Milch oder (traditionelles) Bier zu trinken. Wenn die Ahnen nicht ehrfurchtsvoll behandelt werden oder wenn man sie gar hungern lässt, können sie ärgerlich werden und den Lebenden Leid zufügen. (...) Besonders stark leiden die Eingeborenen aber unter dem Hexenglauben. Nach ihrer Meinung können Hexen männlichen oder weiblichen Geschlechts einen Menschen verhexen, ihm eine Krankheit, ja sogar den Tod anhexen. Entweder die Hexen selbst können den Bann lösen oder der «Hexensucher» wird gerufen und stellt fest, woher der Bann oder die Krankheit kommt. Er ist stärker als die Hexen, er kann sie zwingen, den Spruch aufzuheben. Es ist interessant, dass das Wort für «Hexensucher» (in Suaheli *mganga*) in verschiedenen Sprachen heute den Arzt, besonders den europäischen Arzt, bezeichnet. (...) Außerhalb von Tanga (der nördlichsten Hafenstadt Tansanias) liegt Maweni, der Ort der Steine. Die Gefangenen aus dem dortigen Gefängnis müssen täglich im Steinbruch Steine klopfen. Wir halten vor der Volksschule von Maweni.

Es ist gerade Turnstunde, und die kleinen schwarzen Jungen und Mädchen turnen und marschieren im Freien auf dem grünen Rasen. Sie tun es mit leuchtenden Augen. Die Afrikaner lieben Bewegung und Rhythmus.»

Die tansanische Fußballföderation konstituierte sich zunächst unter der Bezeichnung Tanganyika Football Association im Jahr 1930, nachdem bereits vier Jahre zuvor die Zanzibar Football Association gegründet worden war. Als sich Tanganyika 1964 endgültig von Großbritannien lossagte und mit Sansibar zum heutigen Staat Tansania verschmolz, vereinigten sich auch die beiden Fußballverbände. Nach zwei weiteren Namens- und Satzungsänderungen der Jahre 1971 und 2004 wurde schließlich der Verband zur heutigen Tanzania Football Association (TFF).

Ghana

In Tansania, Äthiopien und Eritrea war die – nun ja – «Ankunft» europäischer Missionare und Soldaten also ursächlich für die Ausbreitung des Fußballs. In Ghana, dessen Küstenregion vormals «Goldküste» genannt wurde und das seit 1874 britische Kronkolonie war, breitete sich Fußball in ganz anderer Form und mit ganz anderem Tempo aus. Seit 1820 betrieben die Briten einen Handelsposten an ebendieser Küste. Was Schiffsbesatzungen von dort mitzunehmen gedachten, lässt der alte Name der Küste erahnen. Dass sie auch etwas dorthin mitbrachten, war weniger Ausdruck ihrer Handelsbestrebungen, ist aber längst Teil der nationalen Fußballhistorie Ghanas geworden. Die Handelsschiffe überquerten den Atlantik und gingen im Hafen von Cape Coast regelmäßig vor Anker. Besatzung und Seeleute an Bord waren begeisterte Sportler und spielten in ihrer Freizeit gegen die Dienerschaft und die Angestellten des Gouverneurs mit einem neuen, runden Spielgerät.

Der Gründungsmythos des stolzen ghanaischen Fußballverbandes weiß ferner von einem sportbegeisterten Schuldirektor namens Mr. Briton. Dieser aus Jamaika stammende Lehrer habe die Jungs der örtlichen Government Boy School im Jahre 1903 zum Fußballspielen angeregt. Inspiriert durch die Sportberichterstattung englischer Zeitungen, die die Schüler von den Schiffsbesatzungen erhielten, sollen 22 junge Burschen sofort und begeistert das Training aufgenommen haben. Im örtlichen Viktoria Park, dem wohlbehüteten Ort britischen Kolonialbrauchtums, trainierten die Sportler fortan enthusiastisch den neuen Mannschaftssport – meist heimlich, wenn nur das Mondlicht auf den fast heiligen Rasen schien. Die ersten Bälle waren noch Geschenke der Matrosen. Doch Schuldirektor Briton sorgte schnell dafür, dass seine Jungs, die sich als Team Excelsior nannten, angemessen ausgerüstet wurden: lange weiße Hosen, rot-gelb gestreifte Trikots und sogar Kappen. Von Anfang an sei dort mit Schuhen gespielt worden, vermerkt der Gründungsbericht des ghanaischen Fußballverbands. Von dieser Hafenstadt Cape Coast breitete sich die neue Sportart Fußball wie ein Flächenbrand im ganzen Land aus, wie die Quellen zu berichten wissen.

Die Namen zweier bedeutender Fußballvereine stehen für die weit zurückreichende Tradition dieser Stadt: die giftigen Vipern (Venomous Vipers) und die mysteriösen Zwerge (Mysterious Dwarfs). Der älteste Club des Landes, die Eichenherzen (Hearts of Oak), feierte seine Gründung schon 1911 in Ghanas Hauptstadt Accra. Asante Kotoko ist ein weiterer Traditionsverein, dessen Gründung von Fußballhistorikern ins Jahr 1935 datiert wird.

Mag sein, dass die Europäer den Sport mit nach Afrika brachten und in Ghana die ersten Bälle an die Einheimischen verschenkten. Doch die Perspektive, unter der die Ghanaer die Gründungsgeschichte des Fußballs betrachten und die Art ihrer Erinnerungskultur und Bewahrung der Traditionen ergeben ein Bild von der Ankunft des Fußballs in Ghana, das sich von dessen Entstehungsgeschichte in anderen Regionen des Kontinents deutlich unterscheidet.

«Wu kum apem a apem beba» – «Der einzige Fehler, den man machen kann, ist, es nicht versucht zu haben»: Im Club-Motto von Asante Kotoko FC, das im Vereinswappen über einem wehrhaften Stachelschwein prangt, spiegelt sich die ganze Euphorie, der Stolz und die Begeisterungsfähigkeit der Fußballnation Ghana ebenso wider wie in den letzten sportlichen Erfolgen der Nationalmannschaft. Schon vier Mal konnten die Black Stars den Titel des Afrikameisters erringen (1963, 1965, 1978 und 1982) und 2006 bei der Weltmeisterschaft in Deutschland zeigen, dass sich Ghana in der ersten Liga des Weltfußballs einen respektablen Ruf erspielt hat.

Südafrika

Bei einem noch so knappen beispielorientierten Überblick über die Geschichte des Fußballs in Afrika darf ein Land unter keinen Umständen unberücksichtigt bleiben: Südafrika ist Gastgeber der WM-Endrunde 2010 und damit der erste Gastgeber im Rahmen einer Weltmeisterschaft auf afrikanischem Boden. Das Land ist gleichzeitig eine der vier Gründungsnationen des afrikanischen Verbandes CAF. Zudem reicht dort die komplexe Geschichte des Fußballs besonders weit zurück. Und schließlich ist Südafrika neben dem ehemaligen Rhodesien – heute Simbabwe – auch das einzige Land, das wegen seiner Apartheidpolitik auf Drängen der anderen afrikanischen Verbandsmitglieder jemals vom internationalen Spielbetrieb und damit von allen CAF- bzw. FIFA-Wettbewerben suspendiert wurde. (Eine Ausnahme stellt Äthiopien dar, das von Herbst 2008 bis Juli 2009 von der FIFA kurzzeitig vom Spielbetrieb ausgeschlossen wurde!) Natürlich ist es von besonderer Bedeutung, dass in Südafrika der Fußball und die Anti-Apartheid-Bewegung gemeinsame Ursprünge haben.

Bereits gegen Ende des 19. Jahrhunderts kam es dort zu einer Reihe von Vereinsgründungen und sogar zum Spielbetrieb in einer Liga mit zwischenzeitlich zehn Mannschaften. Das Gründungsdatum von Pietermaritzburg County und damit des ältesten Clubs des Landes, liegt im Jahr 1879. Die Mannschaft bestand nur aus europäischen Einwanderern und spielte gegen eine Auswahl der britischen Besatzungsarmee.

Heute ist Südafrika wegen seiner ethnischen, kulturellen und sprachlichen Vielfalt als «Regenbogennation» («Rainbow Nation») bekannt. Doch schon damals wirkten auf die Entstehung und Ausbreitung des dortigen Fußballs eine Vielzahl unterschiedlicher kultureller Einflüsse, die in dieser Phase freilich nur die europäischen Ursprünge erkennen lassen; vor allem englische, aber auch niederländische, französische, schottische und portugiesische Wurzeln zeigen sich noch in den alten Namen: Als der portugiesische Seefahrer Vasco da Gama an Weihnachten 1497 im heutigen Durban vor Anker ging, nannte er den dortigen Fluss «Rio de Natal», also «Weihnachtsfluss». 1882 konstituierte sich dort die Natal Football Association. Ähnlich traditionsreiche Elemente verraten Bezeichnungen wie Transvaal Challenge Cup oder Orange Free State Bantu Soccer, die auf die bewegte Geschichte zwischen Briten und niederländischen Siedlern verweisen.

Schon früh war der südafrikanische Fußball auf internationalem Parkett vertreten. Während das Land sein allererstes Länderspiel im Jahr 1924 in Amsterdam gegen die Niederlande noch mit 2:1 verlor, wissen die FIFA-Annalen von ersten eindrucksvollen Erfolgen, die Südafrika im Rahmen einer Südamerika-Tournee gegen namhafte Teams erzielte. Neun Wochen Schiffsreise steckten den Südafrikanern in den Knochen, bevor sie den Nachbarkontinent Südamerika erreichten. Doch die lange Überfahrt scheint das Team in sportlicher Hinsicht nicht gestört zu haben: die Mannschaft schlägt am 31. Juli 1906 zunächst den Gastgeber Brasilien in São Paulo mit 0:6, anschließend Uruguay und schließlich in Buenos Aires auch noch die Mannschaft Argentiniens mit 1:4.

Diese Aufzeichnungen aus dem Welt-Fußball-Almanach werden übrigens von keinem der unterlegenen lateinamerikanischen Verbände geführt, geschweige denn als offizielles Länderspielergebnis gewertet und akzeptiert: Das sei doch keine brasilianische Nationalmannschaft gewesen, höchstens eine inoffizielle brasilianische Auswahl – so beispielsweise die Erklärung des Verbandes aus Brasilia. Einer der südafrikanischen Spieler mit Namen Héctor J. Henman (geboren am 5. Januar 1879 in Oxford) blieb nach der erfolgreichen Tournee des südafrikanischen Teams in Südamerika, wo er am 21. Oktober 1906 gleich noch einmal auf Seiten der Nationalmannschaft Argentiniens spielte.

Fest steht, dass in Südafrika vom Ende des 19. Jahrhunderts bis zur Entstehung der CAF in Kairo fünf (!) Fußballverbände gegründet wurden, die vor allem die ethnische Segregation der Apartheidpolitik der Regierung Südafrikas spiegeln. Im ältesten Verband FASA (Football Association of South Africa, 1892) waren ausschließlich Weiße organisiert, während sich beispielsweise in der South African Indian Football Association (SAIFA, 1903) oder der South African Bantu Football Association (SABFA, 1933) die von den Weißen ausgeschlossene Bevölkerungsmehrheit formierte. Zu dieser Zeit war die Bildung gemischt-ethnischer Mannschaften durch südafrikanische Gesetze verboten! Vereinfacht ausgedrückt: In den 1950er Jahren kollidierte die von der Rassendiskriminierung geprägte Verfassung Südafrikas mit den Statuten des afrikanischen Kontinentalverbandes CAF. 1954 bestritt eine südafrikanische Nationalmannschaft ihr letztes Länderspiel gegen die Auswahl Israels, bevor es zum endgültigen Bruch mit der internationalen Welt des Fußballs kam und Südafrika 1958 von der CAF und 1961 formal von der FIFA ausgeschlossen wurde. In den 70er Jahren war es deshalb vor allem der Vereinsfußball in Südafrika, der nicht nur in sportlicher, sondern auch in gesellschaftlicher Hinsicht große Bedeutung erlangte.

Der Orlando Boys Club, von einem ehemaligen Boxtrainer initiiert und schon 1934 in Johannesburg, Soweto, gegründet, nannte sich in Anlehnung an die populären Piratenfilme der 50er Jahre bald Orlando Pirates. Der Verein, dessen erster Namensbestandteil auf ein Township in Soweto zurückgeht, ist heute nicht nur *die* sportliche Größe der südafrikanischen Premier Soccer League (PSL). Er ist zudem der Verein «der einfachen Leute», dessen Mitglieder in Soweto und der Metropolregion Johannesburg und Pretoria (Gauteng Province) schon immer als «große Familie» galten. Der Verein zeigt ein ausgeprägtes soziales Engagement, beeindruckt mit karitativen Initiativen und gewinnt dadurch nicht zuletzt die Bewohner der schwarzen Arbeiterviertel für den Fußball. So wurden die gekreuzten Knochen unter dem Schädel als Logo der Orlando Pirates rasch berühmt und bei den Fans beliebt.

Ein Anhänger dieses Vereins zu sein, bedeutet mehr als nur die Identifikation mit einem bestimmten Fußballverein: Es bedeutet, in einer bewegten und mitunter gewalttätigen Umgebung Halt und sogar Schutz in einer Gemeinschaft zu finden. Vor allem in den 1970ern – und bis in die 1990er Jahre – ist die Geschichte des Clubs freilich auch von brutalen und mysteriösen Vorfällen durchwirkt: Washington Basula wird zu Hause ermordet. Sein Tod wird mit Rivalitäten in der Vereinsführung in Verbindung gebracht. Auch Jimmy Sojane und Mzwandile Malgas werden in dieser Zeit erschossen aufgefunden. Alle drei sind zum Zeitpunkt ihres Todes prominente Mitglieder des Clubs.

Von den Gründungstagen, als die Jungs noch barfuß und ohne richtige Trikots in der Johannesburg Bantu Football Association (JBFA) spielten, bis zu ihrem heutigen Vereinsleben – und in diesem Fall scheint mir die Bezeichnung Kult-Verein tatsächlich einmal gerechtfertigt – sind die Orlando Pirates FC und ihre Anhängerschaft zwar keine politische Partei. Der Verein kann aber sehr wohl als soziale Bewegung beschrieben werden; er steht emblematisch für die urbane Sportkultur und die gesellschaftlich unverzichtbar wichtigen Elemente der Fußballkultur Südafrikas überhaupt. Heute schätzt der Club die Zahl seiner Anhänger und Sympathisanten auf etwa acht bis zehn Millionen Menschen; eine jüngere Studie der südafrikanischen *Sunday Times* belegt, dass sich 24 Prozent der Südafrikaner mit der Marke Orlando Pirates Football Club identifizieren.

Dem spielerischen Ausnahmetalent und der bemerkenswerten Energie eines einzigen Spielers verdankt ein zweiter bedeutender Johannesburger Fußballclub seine heutige Existenz: Als Kaizer Motaung im Alter von 16 Jahren «entdeckt» wird, stürmt er noch für ebendiese legendären Orlando Pirates in Soweto. Phil Woosnam, ein in Wales geborener Verteidiger, der später in die USA emigrierte, dort Nationaltrainer und Mitbegründer der US-Profiliga wurde, erkannte als Erster das Ausnahmetalent des jungen Motaung und lud ihn zu einem Trainingslager ein, das er mit seinem US-Profiteam, den Atlanta Chiefs, Ende der 60er Jahre in Sambia durchführte. Mit zwei Toren in einem Spiel gegen Manchester City empfahl sich Motaung für die Zukunft in der US-Profiliga. Das Vertrauen, das ihm Woosnam in der Folge entgegenbrachte, zahlte sich bald aus: In 15 Spielen schoss Montaung 16 Tore und wurde im Anschluss prompt in das All Star Team der US-amerikanischen Liga berufen. Obwohl ihm dieser Erfolg 1971 ein weiteres Mal gelang, entschied sich Kaizer Motaung für die Rückkehr nach Südafrika. Dort gründete er mit einigen Spielern, die sich mit den Orlando Pirates überworfen hatten, eine der ruhmreichsten Mannschaften des gesamten Kontinents: Mit seinem Vornamen Kaizer steht er zunächst Pate für die erste Auswahl Kaizer XI. Doch nur wenig später werden aus dieser Elf, in Anlehnung an seinen ehemaligen US-Verein Atlanta Chiefs, die Kaizer Chiefs – und damit beginnt eine beispiellose Erfolgsgeschichte des Vereinsfußballs in Südafrika. Kaizer Motaungs Bedeutung für Geschichte und Gegenwart des Fußballs in Südafrika ist kaum zu ermessen. Er ist heute Mitinhaber der Kaizer Chiefs, hat 1996 die neue Profiliga PSL (Premier Soccer League) mit aus der Taufe gehoben, ist Mitglied des nationalen Verbandes SAFA und hat natürlich seinen Anteil an der erfolgreichen Bewerbung Südafrikas um die Weltmeisterschaft 2010.

Die Begeisterung und die tägliche Anteilnahme der Bevölkerung Südafrikas am Fußball hat aus der ehemals «rein weißen Sportart» eine Bewegung gemacht, die die ganze kulturelle und ethnische Vielfalt des Landes repräsentiert und in eindrucksvoller Weise zeigt, welche integrative Kraft Fußball entfalten kann: Am 7. Juli 1992 gelingt endlich auch der Nationalmannschaft Südafrikas der Schritt aus der durch Apartheid und Diskriminierung entstandenen Isolation: Bafana Bafana, so der heutige Name des Nationalteams – was auf Zulu, eine der elf offiziellen Sprachen des Landes, so viel wie «junge Männer» bedeutet – besiegt an diesem Tag die Auswahl Kameruns mit 1:0 und ist damit zurück auf der Bühne des kontinentalen und des Weltfußballs von CAF und FIFA.

Fußball und Magie in Afrika

Was macht einen traditionellen Heiler aus? Um eine Vorahnung zu vermitteln, mit welchen Methoden und Mitteln ein *witchdoctor* (traditioneller Heiler, Sangoma/Inyanga, *fetish priest*, *native doctor*, *juju man*) ein Fußballspiel glaubt beeinflussen zu können und inwiefern er tatsächlich Einfluss auf den Ausgang eines Matches nehmen kann, möchte ich die Aufmerksamkeit meiner Leserinnen und Leser auf Herkunft, Bedeutung und Umfeld dieses im subsaharischen Afrika angesehenen Berufsstandes lenken: Welche verschiedenen Arten traditioneller Heiler lassen sich dort wenigstens grob unterscheiden? Worin ähneln sie sich? Welche Gemeinsamkeit zeichnet die verschiedenen Vertreter dieses Berufs aus? Warum werden sie unter anderem *witchdoctors* genannt?

Folgt man einer allgemeinen Definition der Weltgesundheitsorganisation WHO, so ist ein traditioneller Heiler eine ausgebildete

Person oder auch ein Laie, der *behauptet*, über Fähigkeiten, Mächte oder Kräfte zu verfügen, mit deren Hilfe er Krankheiten oder auch bestimmte Beschwerden heilen oder lindern könne. Traditionelle Heiler können sowohl männlichen als auch weiblichen Geschlechts sein; in aller Regel jedenfalls sind es Erwachsene. Sie können sich ihre Kenntnisse und Fähigkeiten in ihrer lokalen Umgebung oder einer entfernten Region oder dem Lebensraum einer anderen Ethnie angeeignet haben. Ihre Kräfte oder die Wirkung ihrer angeblichen Macht führen sie entweder auf ihre Religion, eine übernatürliche Kraft, auf erlerntes Wissen aus ihrer Lehrzeit oder auf in ihrer Familie erworbene Kenntnisse zurück.

In vielen Regionen inner- und außerhalb Afrikas fungieren traditionelle Heiler auch als Berater in kritischen Lebenssituationen, so etwa bei der Geburt eines Kindes oder wenn ein Mensch stirbt, aber auch beim Hausbau, in Heiratsangelegenheiten oder bei der Namensgebung Neugeborener. Mitunter nehmen sie juristische oder religiöse Funktionen wahr, sodass man sie nachgerade als «Agenten» oder Vermittler zwischen der materiellen und der spirituellen Welt bezeichnen könnte.

Welche Arten traditioneller Heiler gibt es in Afrika?

Es gibt unterschiedliche Typen traditioneller Heiler. Zwischen ihren Arbeitsbereichen und Methoden gibt es zwar durchaus Beziehungen, doch identisch waren sie ursprünglich nicht. Die bedeutendsten Vertreter dieses Berufsstandes im Süden Afrikas sind die Inyanga und Sangoma. Beide erfüllen neben medizinischen auch spirituelle Funktionen und sind angesehene Mitglieder der Gesellschaft. Ein Inyanga («inyanga yokwelapha», also ein «Doktor, um zu heilen») – zumeist ein Mann – ist ursprünglich eine Art Naturheilkundiger, ein Kenner der Heilpflanzen und der Tierwelt, der seine Kenntnisse und Fähigkeiten regelrecht erlernen muss. Am

Ende seiner Lehrzeit kennt ein Inyanga im Durchschnitt Anwendungsgebiete und Wirkung von über 240 Heilpflanzen. Über die Hälfte der Inyangas kommt durch die Großeltern zu diesem Beruf, wie eine Untersuchung von G.L. Chavunduka aus dem Jahre 1994 in Zimbabwe ergab.

Nach einem Initiationsritus lernt der Inyanga nicht nur die Bestandteile und Funktionsweisen der traditionellen Medizin. Er lernt auch Hexen und Zauberer «auszuriechen», also Menschen mit okkulten Fähigkeiten zu identifizieren. Inyanga yokwelapha diagnostizieren aber keine Krankheiten.

Ein Sangoma («Inyanga yokubhula») dagegen ist ein «Doktor zum Wahrsagen» (engl. *diviner*), der durch den Ruf seiner Ahnen bestimmt wird. In meist noch jugendlichem Alter wird sie oder er von einer Art seelischem Zustand oder Krankheit *(thwasa)* befallen, die durch die westliche Medizin nicht diagnostiziert werden kann. Man könne sich gegen diesen Ruf seiner Ahnen nicht wehren, sondern müsse ihm folgen und Sangoma werden; andernfalls stürbe man an dieser Krankheit, berichteten einige Sangomas im Interview. In dieser Zeit – für gewöhnlich einige Jahre – wird der oder die angehende Sangoma allein durch die Natur streifen, die Träume und die Kommunikation mit den Geistern werden ihm oder ihr den Weg zu bestimmten Pflanzen weisen. Anschließend wird er von einem erfahrenen Lehrer die Zubereitung von Medizin aus verschiedenen Pflanzen, die Deutung von Träumen und die Kommunikation mit Geistern ebenso erlernen und entwickeln, wie er mit der Geschichte, der Mythologie und den Opferzeremonien seiner Ethnie vertraut gemacht wird.

Darüber hinaus beschäftigt sich ein angehender Sangoma aber auch damit, den Gebrauch von Flüchen, Schadzaubern und anderen okkulten Praktiken zu erlernen, weshalb ihn die Menschen auch «Hexendoktor» (engl. *witchdoctor*) nennen. Ein Sangoma berät die Menschen, die zu ihm kommen, weil sie sich von «Zauber» oder okkulten Mächten bedroht fühlen. Jeder Sangoma ist also auch ein Inyanga, aber ein Inyanga ist nicht automatisch ein Sangoma.

In dieser Überschneidung in der Person des Sangomas – in der Mischung von Ahnenkult und Heilverfahren – sehen Kritiker auch eine der größten Gefahren der traditionellen afrikanischen Medizin, da in diesem Zusammenhang der Arzt unter Umständen auch gleichzeitig priesterliche Funktionen wahrnimmt. Krankheit ist nämlich in diesem System nicht einfach die Abwesenheit von Gesundheit; vielmehr kann es, wenn jemand krank wird, dieser Vorstellung zufolge auch einen spirituellen Grund haben. Um den Grund der Krankheit zu erfahren, kontaktiert ein Sangoma demnach die Geister der Krankheit oder die Ahnen eines Patienten. Diese Kontaktaufnahme kann durch ein Tieropfer, durch das Werfen und Interpretieren kleiner Knochen oder durch die Deutung eines Traumes erfolgen. Durch diese Prozedur «vergeistigt» ein Sangoma den physischen Zustand des Patienten; in manchen Fällen stellt er auch einen Zusammenhang zwischen gegenwärtigen Ereignissen und längst Vergangenem her. Es geht also eindeutig nicht nur darum, heilkräftige Substanzen aus der Natur (beispielsweise Heilkräuter) zu verabreichen, sondern einem – nach Maßstäben westlicher Medizin – nicht mehr nachvollziehbaren Therapieansatz zu folgen.

Als die britische Krone gegen Ende des 19. Jahrhunderts den Witchcraft Suppression Act erließ, um – die Absicht verrät schon der Titel – den in ihren Augen heidnischen Glauben an Hexerei und Magie bei der indigenen Bevölkerung Afrikas zu unterdrücken, konnten sich vermutlich weder die Lordrichter in London noch die britischen Kolonialbeamten in Afrika vorstellen, welche Folgen diese Gesetzgebung bis heute haben sollte: Indem sie diese zwei Arten traditioneller Heiler, also Inyanga und Sangoma, ausschließlich aus ihrer westlich-abendländischen Perspektive unterschiedlich bewertete und behandelte, trennte die Kolonialverwaltung zwei respektierte und nach indigener Vorstellung verwandte Vertreter dieses Berufsstandes.

Der Inyanga war nach Ansicht der Briten ein Arzt, zwar ohne akademische Ausbildung im europäischen Sinne, aber doch ein Heilkundiger, dessen umfangreiches Wissen im Wesentlichen auf der erworbenen Kenntnis der Heilpflanzen und seiner persönlichen Erfahrung im Umgang mit diesen beruhte. Art des Personals und Form dieser medizinischen Versorgung war den Europäern nicht unbekannt: Auch in Europa gab es beispielsweise Heiler und Bader, die zwar nicht aus dem akademischen Umfeld stammten, aber durchaus als medizinisch geschultes Personal gelten konnten.

Ein Sangoma dagegen war ein ihnen suspekter Wahrsager, dessen Beruf auf der Kommunikation mit den Geistern oder seinen Ahnen basiert, wofür man freilich im Europa am Ende der Aufklärung nur wenig übrig hatte. Hier gab es einfach zu diesem Beruf des Sangoma kein entsprechendes Pendant mehr. Setzte sich also in der zweiten Hälfte des 19. Jahrhunderts in Europa dank der Fortschritte in der medizinischen Forschung allmählich die Erkenntnis durch, dass die Ursachen vieler Krankheiten biomedizinischer oder bakteriologischer Natur seien, so erkannte man in der traditionellen afrikanischen Medizin spirituelle Kräfte als Ursache mancher Leiden – und dazu gehörte auch Hexerei oder die Unzufriedenheit der Ahnen mit einem Patienten.

Die spirituellen Fähigkeiten eines Sangoma wurden jedoch von der Kolonialverwaltung nicht anerkannt. Seine Qualifikation und Profession brachten die Briten mit dem ihrer Ansicht nach rückwärts gewandten Glauben an okkulte Mächte, Zauberei und Hexerei – letztlich mit einem mit der Aufklärung unvereinbaren Aberglauben – in Verbindung und verboten deshalb kurzerhand diesen Berufszweig. Damit aber wurde der gesamte Berufsstand des Sangoma diskreditiert, denn durch dieses Verbot unterschieden die kolonialen Gesetzgeber und die Organe der Strafverfolgung fortan nicht mehr zwischen dem einerseits von der Bevölkerung geachteten Wahrsager oder Hexendoktor – der doch gerade einzelnen Mitgliedern oder ganzen Gemeinschaften bei Bedarf gegen die Bedrohung dunkler Mächte half – und andererseits den «bösen» Zauberern und Hexern, durch die sich die Bevölkerung – mitunter bis heute – bedroht fühlte.

Doch es ist nicht allein der Witchcraft Suppression Act, durch den der Beruf des Sangoma ins Abseits gedrängt wird. 1931 haben sich die Inyangas selbst in einem eigenen Berufsverband organisiert, der Natal Native Medical Association und sich freiwillig von den wahrsagenden Kollegen, «deren Wissen nur auf Aberglaube beruht», abzugrenzen versucht. Viele traditionelle Heiler der Republik Südafrika lassen sich inzwischen zwar als Inyanga registrieren, was nicht illegal ist, arbeiten aber nicht nur als «heilender Inyanga», sondern gleichzeitig als Sangoma, also auch als Wahrsager. Denn das Bedürfnis vieler Menschen in dieser Region nach Erklärung okkulter Phänomene und spirituellem Beistand im Sinne traditioneller afrikanischer Religion ist immer noch ungebrochen. Das führt mitunter dazu, dass ein und derselbe traditionelle Heiler zwei Dienstleistungen ausführt, die ursprünglich von zwei verschiedenen Vertretern indigener Medizin getrennt durchgeführt worden sind: nämlich *heilen* und *wahrsagen*.

Im schlimmsten Fall üben manche Heiler heute beide Berufe mangelhaft aus oder sind ihrerseits noch nicht einmal von kompetenten Tutoren ausgebildet worden. Doch schon die Auswahl eines Sangoma selbst ist nicht unproblematisch: Wie soll man überprüfen, beweisen oder gar abstreiten, wenn jemand behauptet, ihm sei im Traum der Geist eines Vorfahren erschienen, der ihm befohlen habe, er (oder sie) müsse ein Sangoma werden?

Ist es der einfache, aber angesichts der in Afrika so weit verbreiteten wirtschaftlichen Nöte nur allzu verständliche Wunsch, ein finanzielles Auskommen zu haben? Einen weithin respektierten Beruf auszuüben und geachtetes, ja gelegentlich auch gefürchtetes Mitglied der Gesellschaft zu sein? Oder wurde der Betreffende tat-

sächlich von Geistwesen aufgefordert, Sangoma zu werden? Zwar gibt es Fälle, in denen man später medizinische Ursachen für nachgewiesene Verhaltensstörungen junger Menschen entdeckte, die zunächst als Ruf der Ahnen fehlinterpretiert worden waren. Und tatsächlich haben Familienmitglieder einen Angehörigen zu einem traditionellen Heiler gebracht, weil sie bestimmte «Auffälligkeiten» seines Verhaltens nicht mit einem Krankheitsbild in Verbindung brachten, sondern glaubten, das jener dazu bestimmt sei, ein traditioneller Heiler oder Wahrsager zu werden. Interessanterweise trat jedoch bisweilen – trotz der handfesten medizinischen Ursache –

Ein äußerst kontrovers diskutiertes Thema: die Rolle der traditionellen Heiler im Gesundheitssystem Südafrikas, Makhado, Limpopo Province, November 2008.

eine Besserung des Gesundheitszustands eines solchen Betroffenen ein, nachdem der Patient als traditioneller Heiler initiiert worden war.

Ein trauriges Beispiel für den fehlgeleiteten Einsatz traditioneller Medizin bietet die Epilepsie. In ihrer Studie «Bringing Epilepsy out of the shadows in Africa» erhellt die Genfer Weltgesundheitsorganisation WHO, dass die – konservativ geschätzt – drei bis vier Millionen Menschen, die in Afrika an Epilepsie erkrankt sind, oft zusätzlich unter sozialer und kultureller Stigmatisierung leiden. Bis zu 80 Prozent der epileptischen Erkrankungen bleiben in Afrika unbehandelt. In sehr vielen Fällen liegen die Gründe hierfür nicht auf der ökonomischen, sondern eher auf der sozialen Ebene. Mythen und Aberglauben ranken sich um die Krankheit Epilepsie, die in vielen afrikanischen Kulturen mit «bösen Geistern» in Verbindung gebracht wird. In Kamerun beispielsweise ist bis heute der Glaube verbreitet, dass Menschen, die unter Epilepsie leiden, vom Teufel besessen seien. Nicht die Menschen selbst seien «böse», sondern ein Teufel fahre von Zeit zu Zeit in sie und verursache so die krampfhaften Zuckungen. In Liberia, wie auch in vielen anderen Teilen Afrikas, bringt man Epilepsie mit «Hexerei» und bösen Geistern in Verbindung. Und auch die meisten traditionellen Heiler Swasilands geben Zauberei als Grund für diese Erkrankung an. Ein Feind des Patienten sende Geister, um in dessen Körper einzudringen und die Krämpfe zu verursachen. Solche traurigen Missinterpretationen führten dazu, dass die Mehrheit der Afrikaner, die die Symptome der Krankheit zeigen und dringend eine solide Diagnose und Behandlung benötigen, keinen (schul-)medizinischen Beistand suchen. Vielmehr suchen die meisten einen traditionellen Heiler auf, der ihnen aber weder helfen kann, die Krankheit loszuwerden noch ihre Symptome unter Kontrolle zu bringen. (World Health Organization WHO, Presseveröffentlichung «Bringing Epilepsy out of the shadows in Africa», Genf, Mai 2000)

Doch solche eklatanten Misserfolge sind keine vorrangigen

Gründe, weshalb der Ruf der traditionellen Heiler auch innerhalb Afrikas Schaden genommen hat. Bis vor einigen Jahrzehnten haben Sangomas und Inyangas für gewöhnlich an einem Ort praktiziert. Sie waren bei der Bevölkerung im Umland bekannt und genossen dort Ansehen und Reputation. Sie wurden auch nur dann honoriert, wenn ihre Weissagung dem Klienten eine Lösung bot oder eine Therapie die gewünschte Wirkung zeigte: Die Vergütung erfolgte in Naturalien. Heute praktizieren traditionelle Heiler oft möglichst dort, wo viele Menschen sind. Allein in und um Johannesburg soll es etwa 20 000 von ihnen geben.

Sie verlangen heute ihre Bezahlung im Voraus, und in der Anonymität der Großstadt fliegen Scharlatane in ihren Reihen nicht so schnell auf wie in ländlichen Gegenden. Die Sogwirkung der Metropolen schafft eine gewaltige Arbeitsmigration und sorgt so dafür, dass ständig neue Kunden aus ländlichen Gegenden in die Städte abwandern. Auch und vor allem dort, d.h. in der Fremde, benötigt man spirituellen Schutz oder Beratung. Bedeutet doch, sich auf Dauer von seinem gewohnten Umfeld zu entfernen – von Menschen, Tieren, Pflanzen, der Landschaft, in der man geboren wurde –, nach traditionellem Verständnis «krank» zu werden. Um sich vor den «spirituellen» Auswirkungen dieser Veränderung – d. h. in erster Linie vor Gefahren – zu schützen, benötigt man die Hilfe eines traditionellen Heilers, der den Schutz in gewissen Abständen erneuern muss.

Versuchte einst die britische Kolonialverwaltung, den traditionellen afrikanischen Glauben an übernatürliche Wesen, an Geister und spirituelle Kräfte – aus dem Blickwinkel des Westens also Aberglaube, der nicht mit dem spirituellen Gedankengut der Bibel übereinstimmte – durch ein Gesetz zu unterdrücken und auszulöschen, so ist heute festzustellen, dass dieses Vorhaben gründlich gescheitert ist und letztlich dazu beigetragen hat, Unklarheit über Arten und Arbeitsweisen traditioneller Heiler zu stiften. Es ist ein neuer Typus traditioneller Heiler entstanden, der durch das Gesetz zwar gezwungen wurde, sich als Inyanga registrieren zu lassen, der aber auch die Tätigkeit eines Sangomas ausübt. Eine Grauzone, in der sich Scharlatane, Quacksalber und Kriminelle tummeln können.

Tuwanis spirituelle Welt oder Welchen Einfluss hat ein witchdoctor *auf den Fußball Südafrikas?*

In vielen Staaten Afrikas wird, wer mit ein wenig Geduld und Offenheit zu Werke geht, anerkannte, sogar registrierte traditionelle Heiler finden – auch solche, die sich angeblich oder tatsächlich mit der Behandlung und Beratung einzelner Fußballer oder ganzer Teams einige Reputation erworben haben.

So möchte ich im Folgenden einen ersten und in zweierlei Hinsicht bemerkenswerten Vertreter dieser für einen Mitteleuropäer außergewöhnlichen Berufsgruppe etwas genauer vorstellen und zu Wort kommen lassen: Einerseits lebt und praktiziert dieser Sangoma im aktuellen WM-Gastgeberland Südafrika; andererseits – und das ist noch bedeutsamer – verbinden ihn und seine Profession eine langjährige und intensive Beziehung mit den Kaizer Chiefs, einem der, wie schon gesagt, traditionsreichsten Clubs des gesamten Kontinents.

Der Tipp eines Insiders – und ein charismatischer Wahrsager

Wie sieht ein gewöhnlicher Arbeitstag eines renommierten Sangoma und Fußballexperten in der Republik Südafrika heute aus? Mit welchen Fragen und Nöten kommen Fußballer zu ihm? Wie unterscheiden sich ihre Anliegen von denen anderer Klienten, die keine Sportler sind? Und was ist typisch für die Beratung und Behandlung durch einen traditionellen Heiler?

Ich hatte bis zum Oktober 2005 schon eine ganze Reihe *witchdoctors*, Sangomas und Inyangas in verschiedenen Ländern Afrikas befragen und in einigen Fällen vor der Kamera interviewen können. Für die Produktion meines Films «Kick The Lion» suchte ich allerdings einen besonderen Sangoma – nämlich einen, der sich vor allem mit der Behandlung und Beratung von Fußballern einen Namen gemacht hatte. Um einen solchen Experten in Südafrika ausfindig zu machen und ihn zu Fußball und Magie befragen zu können, braucht man weder ein Telefonbuch noch eine Internet-Datenbank. Man benötigt die Hilfe, Vermittlung und Fürsprache eines Experten, der sich mit dem lokalen Fußball auskennt und andererseits Zugang zu den traditionellen Repräsentanten und Vereinigungen der traditionellen Heiler hat, der sich in diesen Kreisen ungezwungen bewegt und als vertrauenswürdig gilt.

In Südafrikas Limpopo Province war und ist mein wichtigster und bester Informant zu dem vielschichtigen Thema Fußball der Sportjournalist Frank Mavhungu. Seine jahrelange, fundierte Berichterstattung für die Sportredaktion der Lokalzeitung *Mirror* hat ihm – neben einer ganzen Reihe von Auszeichnungen – den Beinamen «Mr. Soccer» eingebracht. Er vereinigt in wunderbarer Weise alle erdenkliche Sachkompetenz in seiner Person und ist außerdem ein ausgesprochen umgänglicher, einfallsreicher, wissbegieriger und sehr netter Mensch. Ihm verdanke ich nicht nur das Treffen mit jenem besonderen traditionellen Heiler, den Frank für gewöhnlich nur *the wise man* («den Weisen») nennt. Jahre zuvor hatte mir Frank erzählt, dass er einen traditionellen Heiler, einen Sangoma, schon lange kenne, zu dem nicht nur die Fußballer aus der Limpopo Province kämen. Vielmehr gehörten berühmte Spieler und Manager vieler großer Clubs, nicht wenige sogar aus dem benachbarten Ausland, zu seiner Kundschaft.

Ich solle ihn, Frank, aber bitte nicht nach den Namen der betreffenden Clubs und Spieler fragen; die dürfe er mir nicht nennen. Das «Ganze» sei eben eine recht komplexe und heikle Angelegenheit; er könne mich, wenn ich dies wünsche, zwar diesem besagten Sangoma vorstellen, zu mehr sei er aber derzeit nicht bereit. In Afrika könne man Sport und Rituale nicht einfach voneinander trennen, setzte Frank energisch hinzu, ohne dass ich Derartiges jemals angedeutet oder gar in Frage gestellt hätte. Wenn man die traditionellen Heiler im hiesigen Fußball verbieten wolle, sei das nichts anderes als der klare und eindeutige Versuch, die Traditionen insgesamt auslöschen zu wollen, die im Fußball Afrikas seit langem verankert seien.

Der Streit um «Traditionen» im Fußball – und damit fast gleichbedeutend: in wichtigen Bereichen der traditionellen afrikanischen Medizin – ist in der Tat ein Thema, um das seit Jahren in Afrikas Vereinen und auf Verbandsebene heftig gerungen wird. Denn von bestimmten Behandlungsmethoden in der traditionellen afrikanischen Medizin, die einen Spieler schützen und stärken sollen, ist es nur ein kleiner gedanklicher Schritt bis zur Anwendung «magischer Mittel und Substanzen», die auch *gegen* andere Spieler und Teams eingesetzt werden können. Wie erbittert diese Diskussion auf allen Ebenen des Fußballs, in den Medien und quer durch die Nationalverbände Afrikas geführt wurde, sollte ich noch häufig erleben. Auf den Umgang mit magischen Mitteln und Traditionen aus Sicht des kontinentalen Fußballverbandes CAF bzw. auf die Aufnahme einer Verbotsklausel in dessen Statut will ich deshalb später noch eingehen. Damals jedenfalls nahm ich Franks großzügiges Angebot, mich einem Sangoma und Fußballexperten vorstellen zu wollen, nur allzu gern an, und so konnte ich nur wenige Tage später einen in der Tat außergewöhnlichen Mann kennenlernen.

Tuwani

Tuwani war damals 73 Jahre alt, etwa 1,70 Meter groß, von gedrungener Gestalt, mit kurzen, kräftigen Gliedmaßen und tiefdunklem Teint. Sein mächtiger Kopf war, von einem feinen silbernen Haarkranz am Hinterkopf abgesehen, völlig kahl. Sein Kinn war ausgeprägt, und sein kräftiger Körper bebte stets, wenn er sich laut lachend über etwas amüsierte. Tuwanis gelegentlich leicht schaukelnder Gang war jederzeit aufrecht und würdevoll. Seine lebhaf-

ten, wachen Augen registrierten während einer Unterhaltung jede Bewegung und jede noch so kleine Gefühlsregung seines Gegenübers. Aufmerksam, stumm, äußerlich reglos hörte er seinem Besucher zu. Seine Antworten aber gab er oft gestenreich und begleitete sie mit ausdrucksstarkem Mienenspiel und dem mitunter bedrohlich wirkenden, aber harmlosen Einsatz seiner traditionellen Insignien, mit deren Hilfe er Zustimmung, Ablehnung und vieles mehr in einer einzigen Bewegung auszudrücken vermochte.

Tuwani war ein weit über seine Ortschaft hinaus respektiertes

Tuwani «the wise man» umgeben von geheimnisvollen Substanzen: Er ist seit 1971 traditioneller Heiler und Berater berühmter Fußballclubs der südafrikanischen Premier Soccer League PSL, Limpopo Province, November 2008.

und geachtetes Mitglied der Gesellschaft. Schon seit Jahrzehnten arbeitete er als Sangoma, also als initiierter traditioneller Heiler, als «spirituelles Medium» und Wahrsager. Er praktizierte am Rand einer sehr kleinen Ortschaft in Südafrikas Limpopo Province. Sein Haus lag im Schatten mächtiger Schirmakazien, etwas abseits der Landstraße, welche die Provinzhauptstadt Thohoyandou mit Makhado und darüber hinaus mit der knapp 600 km entfernten Metropolregion Johannesburg bzw. Tshwane – dem ehemaligen Pretoria – verbindet. Der Ortsname Thohoyandou bedeutet in der lokalen Sprache Tshivenda «Elefantenkopf». Makhado ist der heutige Name des Ortes Luis Trichard, der während der Apartheid für die dort äußerst brutal praktizierte Rassentrennung berüchtigt war. Von Tuwanis Heimat sind es keine 70 km bis zum Punda Maria Gate des Krüger-Nationalparks im Osten, und nur wenige Kilometer dahinter liegt der Grenzübergang Messina – «Ultra City» zum nördlichen Nachbarn Simbabwe.

Tuwanis kleines Anwesen bestand aus zwei einfachen Gebäuden: einer runden, aus Lehm und Stroh gefertigten traditionellen Behausung, wie sie in den ländlichen Gegenden Südafrikas immer noch häufig anzutreffen ist. Gleich nebenan stand ein kleines, gemauertes Haus mit Flachdach und zwei Fenstern ohne Scheiben. Um zu diesem kleinen Haus zu gelangen, näherte man sich von der Seitenstraße dem eindrucksvoll mit schwarzem Stahlzaun und Stacheldraht umwehrten Grundstück. In die oberen Enden der beiden massiven Torpfosten waren aus Sicherheitsgründen die Glasscherben zerbrochener Flaschen einbetoniert, um ungebetene Eindringlinge fernzuhalten. Durch den Innenhof und eine schlichte Holztür gelangte man schließlich in den größeren der beiden Räume des Hauses.

Erst wenn sich die Augen des Besuchers an das Halbdunkel der Hütte gewöhnt hatten, erkannte er allmählich die nur scheinbar formlosen dunklen Schatten im Innern: Sämtliche Wände waren über und über mit Tier- und Pflanzenteilen bedeckt. An massiven

Metallhaken hingen neben- oder übereinander Felle seltener Wildtiere – unter anderem das eines Leoparden –, aber auch die aufgerollte Haut eines ausgewachsenen Felsenpython und anderer Reptilien sowie das glänzend schwarze Gehörn von Antilopen und Gazellen. Ganz oben, unter der Decke, quollen aus alten Plastiktüten hartfaserige Pflanzen. Daneben reihten sich auf grob gezimmerten Regalbrettern gebleichte Schädelknochen, Klauen und Tatzen von zahlreichen Tieren aus allen Lebensräumen – des Wassers, des Landes und der Luft. An einer nackten Wand lehnte ein Metallregal an einer alten dreitürigen Holzkommode. In ihren Schubladen und Fächern türmten sich zahllose, aber äußerst akkurat angeordnete, verschlossene Flaschen, Tiegel und Dosen, und zwar in allen nur denkbaren Größen und Formen. Ursprünglich hatten sie Softdrinks, Marmelade oder irgendwelche anderen Lebensmittel enthalten, bevor sie in Tuwanis geheimnisvollem Reich einen völlig neuen Inhalt erhielten. Damals nämlich schimmerten in diesen vielen Gefäßen, ohne dass ein störendes Etikett die Sicht auf den Inhalt versperrt hätte, zahllose rätselhafte Pulver aus zerkleinerten Tierteilen, Kräutern, Wurzeln, Gräsern und Rinden. Manche waren wohl bereits vor der Abfüllung zerstoßen oder zermahlen worden, andere wurden gerade gedörrt oder anderweitig bearbeitet, um dann zum Trocknen auf den mit Zeitungspapier ausgelegten Fußboden in kleinen, bunten, kegelförmigen Haufen fein säuberlich aufgeschüttet zu werden. Von kräftigen Gelb- und Rottönen über alle Schattierungen bräunlich-erdfarbener Substanzen reichte die Farbpalette der Tinkturen und Pulver bis hin zu Dunkelbraun, Grau und Mattschwarz. Manche der Heilkräuter verbreiteten einen schwer definierbaren, aber durchaus angenehmen Geruch im Raum, der mich an Tabak oder frisch geschlagenes Holz erinnerte; einige der kleinen, unscheinbaren Haufen rochen jedoch so faulig-stechend, dass ich den Kopf sofort abwandte, wenn ich ihnen zu nahe kam. Die ungewöhnliche Ausstattung des Raumes, die vielen optischen und olfaktorischen Reize dieser eindrucksvollen Sammlung der südafrikanischen Fauna und Flora beanspruchten und verwirrten eine ganze Weile alle Sinne des Besuchers, und so starrte ich lange auf das Interieur, bis ich glaubte, zumindest halbwegs die Tier- und Pflanzenteile voneinander unterscheiden zu können.

Der einzige jedoch, der wirklich sicher wusste, welche Heilpflanze oder welches Teil eines Tieres sich in welchem Behälter befand und gegen welche Art von Beschwerden es in der traditionellen Heilkunst anzuwenden ist, war Tuwani selbst. Seine Assistentin, eine stille, junge Frau von vielleicht knapp zwanzig Jahren, die seit kurzem auf dem Weg war, eine Sangoma zu werden und bei Tuwani eine Art mehrjähriger Lehrzeit absolvierte, trug ein rot-weiß-schwarz gemustertes Tuch um die Hüften geschlungen, zudem Armbänder aus Reptilienhaut und weißen Kaurischnecken – eines der sichtbaren Merkmale, das sie als traditionelle Heilerin auswies. Zu ihren Aufgaben gehörte es, auch bei sengender Mittagssonne im Hof die Tier- und Pflanzenteile zu bearbeiten, die von dubiosen Händlern aus dem nahen Krüger-Nationalpark oder der hiesigen ländlichen Umgebung stammten. Mit Energie und Kraftaufwand wusch, zerkleinerte und sortierte sie die Naturprodukte, bevor sie in Tuwanis Behandlungsraum verschwanden. Vor wenigen Tagen waren solche Händler wohl wieder bei Tuwani gewesen, die nie sein Haus verließen, ohne dass er ihnen etwas abkaufte.

Erst auf den zweiten Blick erkannte ich, was dort aus einer Metallwanne auf den Boden hing: Es war das hellbraune Fell eines etwa 30 bis 40 Zentimeter großen Affen. Die Arme des toten Tieres baumelten außen am Wannenrand, seine schlaffen Fellbeine lagen auf dem Steinboden des Hofs zum Trocknen, während der Kopf des Affen mit dem Gesicht nach unten in einer hellen, trüben Flüssigkeit schwamm, die die bleigraue Zinkwanne zu gut zwei Dritteln füllte. Davor, ausgebreitet auf einer Plastikplane, trocknete ein stechend riechendes, dunkelbraunes Pflanzenknäuel, dessen Aussehen und Konsistenz an Algen erinnerte. Nur wenige Wochen später sollte ich in einer anderen Region Südafrikas einem weiteren traditionellen Heiler begegnen, der ebenfalls die Pfoten eines solchen Affen zur Behandlung eines Fußballers einsetzte.

Wenn Tuwani Fußballer und andere Klienten beriet oder wenn er mit der Zubereitung, dem Sortieren oder dem Verkauf medizinischer und magischer Mittel beschäftigt war, thronte er auf einem ausgedienten, mit schwarzem Schaumstoff gepolsterten Autositz, der im zweiten, deutlich kleineren Raum des Flachbaus praktischerweise auf dem kühlen Steinboden stand. Unmittelbar vor ihm lag das hellbraun-weiße Fell einer Impala-Antilope, seine Arbeitsunterlage während der Konsultationen. Hier in seinem Behandlungszimmer saßen ihm seine Klienten auf einer schmalen Holzbank gegenüber und berichteten in leisem Flüsterton über ihre Sorgen und stellten ihre Fragen, die Tuwani ihnen gegen Gebühr beantwortete. Auf dem Antilopenfell lagen – für Tuwani von seinem Autositz jederzeit bequem erreichbar – einige Gegenstände, die er für die Kontaktaufnahme mit der Welt der Geister, Dämonen und Ahnen benötigte. Was sonst noch vonnöten war, brachte ihm bei Bedarf seine Assistentin, die als angehende Sangoma auch Zutritt zu dem Verschlag hatte, wenn sich Kundschaft in dem engen Raum befand.

In einer Hand hielt Tuwani stets das mit einem kurzen Holzgriff stabilisierte haarige Ende eines schwarzen Ochsenschweifs, das einerseits ein verbreitetes Zeichen seines Berufsstandes ist. Andererseits taugt dieses Instrument bei Konsultationen auch zum beiläufigen Fliegenerschlagen. Außerdem diente der Schweif Tuwani als Fächer oder zum Verscheuchen lästiger Hunde. Hauptsächlich benutze er ihn aber, um die Geister herbeizurufen. Und falls das Honorar eines Klienten einmal indiskutabel niedrig ausfiel, diente das Holzende auch schon einmal als eine Art respekteinflößender Szepter, mit dessen Hilfe Tuwani seine gebieterischen Gesten der Zurückweisung solch einer Zumutung verstärkte. Waren Tuwanis Hände anderweitig beschäftigt, so hing der Ochsenschweif reglos und doch irgendwie bedrohlich über Tuwanis Schulter.

Auf dem Antilopenfell vor ihm lagen außerdem wenigstens zwei Lederbeutel mit den sogenannten Dollos. Je Lederbeutel oder «Set» sind das etwa zwischen 10 und 20 kleinere Gegenstände – meistens eine Mischung einzelner, manchmal mit einfachen Schnitzereien verzierter Tierknochen, Schneckengehäuse oder Muschelschalen. Nicht selten gehört ein Domino- oder irgendein anderer farbiger Spielstein aus Holz oder Stein zu einem Set. Diese Dollos sind ein technisches Hilfsmittel, um mit den Geistern der Ahnen in Verbindung zu treten und somit die tiefere Ursache eines Problems, einer Krankheit oder eines Missstandes zu ergründen. Und Tuwani nutzte dieses Hilfsmittel auch, um Spielern oder Managern den Weg an die Tabellenspitze zu weisen, eine Torflaute zu beenden – und manchmal auch, um dem kommenden Gegner die Kraft zu rauben.

Üblicherweise schüttet zu Beginn einer solchen Konsultation ein Sangoma ein Set von Dollos vor sich hin, betet, spricht auf sie ein und fragt die Geister und Ahnen, ob sie einverstanden seien, dass er sie nun zu einem bestimmten Zweck rufe. Er formt dabei seine Hände zu einer Art «Gefäß», fasst darin sämtliche Dollos zusammen, führt sie zum Mund, haucht sie an und spricht zu ihnen. Um den Abschluss dieser ersten Phase zu signalisieren, schlägt er die Dollos nun in den geschlossenen Händen zwei-, dreimal leicht auf die Erde. Dann öffnet er schließlich die Hände und wirft die Dollos unter gedämpftem Murmeln und mit leichtem Schwung zwischen sich und dem Klienten auf das Fell. Sollte der Sangoma beim ersten Versuch die Lage der Dollos nicht gleich eindeutig beurteilen und deuten können, wird er den Vorgang einmal oder mehrfach wiederholen und so auf die Schwere des Problems – und möglicherweise auch auf eine erwartete höhere Bezahlung – hinweisen: Die Dollos liegen nun für den Sangoma und seinen Klienten gut sichtbar auf der Antilopenhaut. Doch was sagen oder raten die so gerufenen Ahnen aus der spirituellen Welt dem Klienten im Diesseits? Was können Fußballer, Trainer, Manager oder auch Kranke mit körperlichen Gebrechen, betrogene Ehemänner oder plötzlich gekündigte Arbeitnehmer aus der Lage der Knochen selbst ablesen? Rein gar nichts. Selbst wenn der Kunde direkt vor den Knochen sitzt, wenn er genau sieht, wie sie fallen und zu liegen kommen, so kann er ihnen doch keine verwertbare Botschaft entnehmen. Sie bleiben für den Ratsuchenden einfach nur stumme Knochen. Ganz so, als würde uns der Internist ein Kardiogramm oder den Computerausdruck mit den Laborwerten vorlegen. Die Interpretation dieses Bildes ist hier wie dort einzig die Sache eines Spezialisten – in diesem Falle des Sangoma. Aus der Position der Knochen zueinander, einem für nicht Initiierte wirren Muster, erkennt der Sangoma, wie sich die Lebenssituation seines Klienten im Moment darstellt, wo also etwa «der Fußballschuh drückt». Das zumindest behaupten Sangomas und erhalten für diese Serviceleistung und die anschließende Behebung des Problems ihr Honorar.

Neben den Dollos setzte Tuwani zur Kommunikation mit den Geistern ein weiteres Hilfsmittel ein, dessen Konstruktion und Anwendung, gepaart mit Tuwanis eigener «Performance», seine Wirkung auf Klienten selten verfehlte: Direkt vor ihm waren zwischen Fußboden und Decke zwei dünne, aber stabile, kaum sichtbare Schnüre senkrecht gespannt – eine Nylonschnur oder Darmsaite. Daran waren zwei etwa 20 Zentimeter große Holzkalebassen befestigt, eine rot und eine schwarz bemalt. Diese beiden Kalebassen repräsentierten Tuwanis Großeltern. Die Geister seiner Vorfahren kommunizierten durch diese beiden Holzkalebassen mit Tuwani und halfen ihm, die tatsächliche Ursache der aktuellen Schwierigkeiten im Auftrag seines Klienten zu erfahren.

Da die Geister der Ahnen, wie in vielen Regionen Afrikas üblich, auch in der Limpopo Province nach traditionellem Verständnis durch die Nachkommen kollektiv verwaltet werden, melden sich natürlich nicht nur Tuwanis tatsächliche Großeltern. Es könnten ihn auch Vorfahren kontaktieren, die er selbst persönlich nie kannte, die vor Generationen bereits verstarben, lange Zeit bevor er selbst geboren wurde. Unter ihnen gibt es möglicherweise durchaus Wesen und Dämonen, deren Absicht erst einmal unklar ist. Die Geister der Ahnen sind mitunter äußerst launische und mürrische Wesen. Sie buhlen und rangeln untereinander um den Respekt, das Gedenken und die Verehrung der Menschen im Diesseits. Verweigern ihnen die Menschen Respekt und Anerkennung, dann können diese Dämonen zu bösen Unruhestiftern unter den Menschen im Diesseits werden und ihnen vielfältige Sorgen bereiten. Es ist diese potenzielle Bösartigkeit der Geister und Ahnen im Jenseits, welche die Probleme der Menschen auf der Erde in allen Lebensbereichen – also auch im Fußball – verursachen. Wenn also ein einzelner Spieler oder eine ganze Mannschaft eine Serie von Niederlagen einfährt, so ist es die Aufgabe des Sangomas, herauszufinden, ob womöglich die Ahnen eines Spielers nicht ausreichend beachtet wurden oder welche Ursache die Niederlagen sonst haben könnten.

Es kam also durchaus vor, dass Tuwani mit Hilfe der Holzkalebassen in Zwiesprache mit den Geistern seiner Vorfahren oder jener des Klienten trat, sie dabei anbrüllte, ja mit dem Ochsenschweif symbolisch wegschubste, schlug und zurechtwies. Es bleibt dem Leser überlassen, sich über solche Formen der Kontaktaufnahme mit der Welt der Geister und Dämonen ein Urteil zu bilden. Tuwani selbst beschrieb seine persönliche Beziehung als traditioneller Heiler zum Fußball während eines unserer Zusammentreffen folgendermaßen:

«Ich bin seit 1971 ein Sangoma, also ein traditioneller Heiler und Wahrsager. Zu mir kommen hauptsächlich Fußballer mit ihren Anliegen, aber auch andere Athleten, ja sogar Wissenschaftler, aber natürlich auch ganz gewöhnliche Leute. In den meisten Fällen kommen die Spieler einzeln zu mir, um sich Rat zu holen, weil sie glücklos spielen oder einfach zu wenig Tore erzielen. Manchmal kommt das ganze Team, gelegentlich sogar mit dem Management. Sie sagen: »Wir brauchen mehr Glück, wir brauchen einen Glücksbringer!» Wir traditionellen Heiler können dabei helfen. Ich berate zum Beispiel Spieler der Vaal Professionals, Natal Brothers, der Kaizer Chiefs und der Moroka Swallows. Ich habe auch noch vielen anderen Teams geholfen, aber zu den genannten Mannschaften unterhalte ich seit langer Zeit enge Beziehungen; genauer gesagt, ich arbeite mit denen seit ihrer Vereinsgründung zusammen.

Meiner Erfahrung nach scheuen sich hier in Südafrika die meisten Leute davor, solche Rituale offen zuzugeben, weil sie sonntags die Bibel unter dem Arm in die Kirche tragen! Aber Gott ist für uns alle da. Und viele Sportler verwirrt das. Denn sie beten ihn an oder versuchen, das Glück im Sport an sich zu ziehen. Aber das wird nicht gelingen. Denn Sport ist «Spielen» und beim «Spielen» brauchst du keinen Gott, denn Gott selbst ist kein Spieler! Deshalb brauchst du einen Sangoma wie mich, um das Glück an dich zu ziehen. Denn Gott ist für uns alle da: Deshalb kann er nicht die einen beschützen und die anderen allein zurücklassen.»

Tuwani gab keinen einzigen Namen von Spielern, Trainern oder Managern preis, die er in seiner langen Karriere als Sangoma beraten hat, nur die verschiedenen Clubs, denen er seit vielen Jahren half. Sein Lächeln als Antwort auf mein einmaliges diesbezügliches Nachfragen war gütig und milde, aber ebenso eindeutig.

Kaizer Chiefs und witchcraft?

Betrachtet man einen hochprofessionellen südafrikanischen Fußballclub – wie zum Beispiel die Kaizer Chiefs, den vielfachen nationalen Meister, Pokalsieger und zudem die Kaderschmiede der südafrikanischen Nationalmannschaft –, dann befallen einen ernsthafte Zweifel, ob sich Spieler, Trainer oder Manager eines solchen Clubs auf die Kräfte und Aussagen eines Sagomas verlassen würden. Ob sich wirklich beispielsweise Stürmer dieses Großstadt-Clubs an einen traditionellen Heiler in einer gut 600 Kilometer entfernten Hütte wenden, um herauszufinden, ob und wie sie in der kommenden Saison mehr Tore erzielen könnten? Skepsis schien angebracht.

Einige Wochen nach dem Besuch bei Tuwani lernte ich auf dem Trainingsgelände der Kaizer Chiefs in Johannesburg Dara Carroll, die Brand-Managerin des Clubs, kennen, die den Verein in allen öffentlichkeitswirksamen Aktionen seit Jahren berät und vertritt. Der Club Kaizer Chiefs ist eben nicht einfach nur einer von vielen Fußballvereinen, er ist eine regelrechte Marke, die im Englischen *brand* heißt, daher die Berufsbezeichnung der Managerin. Sie ist irischer Abstammung, erscheint alles andere als wundergläubig und ist seit vielen Jahren sehr erfolgreich in ihrer Arbeit für den Club. Mehr als 10 Millionen begeisterter Fans sollen die Chiefs allein in Südafrika hinter sich wissen, in den Nachbarstaaten Simbabwe, Botswana, Namibia, Swasiland und Mosambik soll es angeblich weitere sechs Millionen treue Anhänger geben.

Im Oktober des Jahres 2005 gab Ernst Middendorp als damaliger Cheftrainer der Kaizer Chiefs seinen Spielern auf der Clubanlage Anweisungen beim Schusstraining. In Deutschland war er als Trainer von Arminia Bielefeld und des VFL Bochum bekannt geworden; man würdigte ihn gar wegen seiner kompromisslosen Einstellung als Trainer in Bielefeld mit dem informellen Titel eines «brillanten Motivators ohne Diplomatenpass». 2005 verfügte Ernst Middendorp bereits über reichlich Erfahrung als Trainer in Westafrika, er war schon in Ghana bei den berühmten Hearts of Oak oder Asante Kotoko unter Vertrag gewesen und brachte auch in Südafrika die Spieler der Chiefs auf Touren: «Terry, darf ich fragen, was du da machst? Wir sind hier doch nicht im Zirkus! Entweder du schießt den Ball ins Tor, oder du lässt ihn deinem Nebenmann», hörte ich ihn auf dem Trainingsplatz einem Spieler nach einer verunglückten Doppelpass-Schuss-Kombination lautstark hinterherrufen.

Währenddessen unterhielten Dara Carroll und ich uns einen ganzen Nachmittag sehr angeregt über Fußball, traditionelle Medi-

zin, verstauchte Knöchel der Profis, fehlgeschlagene Behandlungsmethoden westlicher Mediziner und allerlei wundersame Begebenheiten, die sie selbst in afrikanischen Vereins- und Nationalteams erlebt hatte: Spieler, die monatelang verletzt waren, konnten, so berichtete sie, nachdem sie sich bestimmten geheimen Ritualen der traditionellen afrikanischen Medizin unterzogen hatten, plötzlich wieder laufen und schießen. Hexerei? Magie? Wunder?

Als ich sie nach einer Weile schließlich ganz offen nach ihrer Einschätzung zum Zusammenhang von Fußball und Magie in solchen Fällen fragte, war ich von der Antwort einigermaßen überrascht. In einer Reihe von Gesprächen mit Club- oder Verbandsoffiziellen stritten die Manager die Anwendung magischer Mittel in ihrem eigenen Club meist entrüstet ab. Nicht ohne gesten- und wortreich daran zu erinnern, dass die Konkurrenten in diesem Land oder jener Stadt, ja, die seien doch seit Jahren dafür bekannt, kein Spiel

Der Autor mit Cheftrainer Ernst Middendorp auf dem Clubgelände der Kaizer Chiefs, Oktober 2005.

ohne den Einsatz von Magie gewinnen könnten. Dara Carroll aber sprach nicht etwa vom afrikanischen Fußball allgemein oder von irgendwelchen Mannschaften oder davon, was sie von konkurrierenden Clubs angeblich mal gehört oder gelesen habe. Sie antwortete mit großer Selbstverständlichkeit und völliger Offenheit:

«Hören Sie, hier bei den Kaizer Chiefs haben wir eine ganze Reihe Spieler aus weit entfernten afrikanischen Staaten und aus den direkten Nachbarstaaten Südafrikas unter Vertrag. Ich bin mir absolut sicher, dass die allermeisten Spieler unserer Mannschaft während ihrer gesamten Karriere Abmachungen mit einem traditionellen Heiler haben, daran habe ich nicht den geringsten Zweifel. Ja klar, ich würde meine Hand dafür ins Feuer legen, dass sie sich alle mit ihren traditionellen Heilern treffen. Da bin ich mir absolut sicher, keine Frage!

Und was ist schon dabei? Wir überprüfen natürlich regelmäßig den Gesundheitszustand unserer Spieler durch ein ganzes Team von hervorragenden Medizinern. Aber was die Spieler zusätzlich unternehmen, ob und wie sie einen spirituellen Schutz aufbauen, das ist Bestandteil lokaler Kultur, das könnten wir gar nicht überprüfen, denn solche Konsultationen führen sie heimlich durch.» (Brand-Managerin Dara Carroll, Oktober 2005, Trainingsgelände der Kaizer Chiefs, Johannesburg)

Die abgekämpften Spieler der Chiefs trabten nach dem Training in Zweier- und Dreiergrüppchen ein paar Bahnen über den Platz und plauderten – langsames Auslaufen zum Abschluss des Tages. Als ich Ernst Middendorp an der Torauslinie selbst nach *witchcraft* im Fußball fragte, legte er den Kopf leicht schräg und schien kurz zu überlegen, warum ich das wissen wolle. Doch dann gab auch «Power-Ernst» geduldig und umfassend Auskunft:

«Wenn wir auswärts bei bestimmten Teams spielen, von denen bekannt ist, dass sie bei Ligaspielen mit Psychotricks und dem Einsatz von *witchcraft* arbeiten, dann gibt es vor dem Reiseantritt eine Sitzung mit meinem Management. Wir sprechen in diesen Sitzungen darüber, was wir tun können, um uns vor dem Einsatz der magischen Mittel durch die gegnerische Mannschaft zu schützen. Das alles kenne ich schon aus meiner Zeit in Ghana, und das waren immerhin mehr als drei Jahre: Auch dort haben wir in solchen Fällen so reagiert. Es werden unter anderem Posten vor den Kabinen – oder noch besser am Eingang zum Kabinentrakt – aufgestellt. Oft schon am Abend vor dem Spiel. Es gibt immer wieder den Versuch von Fans oder Spielern des Gegners, irgendwelche Substanzen, angebliche Zaubermittel und stinkende Tierteile oder -blut in unserem Raum zu versprühen und zu verschmieren. Natürlich können diese Substanzen keine Spieler verhexen oder verzaubern, sie lenken die Spieler bloß ab, verängstigen sie vielleicht. Der Geruch und der Anblick von Blut an der Wand kann natürlich die Konzentration stören. Junge Spieler, die ihr erstes Auswärtsspiel für einen großen Club machen, bringt das aus dem Rhythmus, sie beginnen an Dinge zu denken, die ihrer Konzentration schaden. Aus dem gleichen Grund haben wir auch ein paar Mal den Haupteingang bestimmter Stadien gemieden, sind stattdessen über den Zaun geklettert oder haben uns unter einem Zaun hindurchgezwängt. Wir kennen Teams, die sich in ihrem Mannschaftsbus umziehen, damit sie erst gar nicht in die Umkleidekabinen der Gastmannschaft gehen müssen. Solange man auf «spiritueller Ebene» daran arbeitet, dass man selbst vor Verletzungen oder auch den Angriffen durch die Magie des Gegners sicher ist, halte ich das für unproblematisch. Komplizierter wird es, sobald die magischen Mittel nicht *für* das eigene Team, sondern *gegen* eine Mannschaft eingesetzt werden. Natürlich sind da die Grenzen bei der Anwendung von Magie oft fließend, es geht dabei um Aktion und Reaktion, das ist nicht immer einwandfrei voneinander zu trennen. Jedenfalls ist der Einsatz magischer Mittel Teil eines Brauchtums und der Kultur; es gehört hier eben noch immer dazu. Es ist eine Möglichkeit, sich auf diesem Weg die letzten fünf oder zehn Prozent Selbstbewusstsein zu holen. Jürgen Klinsmann hat dazu einen Mentaltrainer angeheuert. In einer Menge afrikanischer Staaten gibt es für den gleichen Zweck *muti*- oder *juju*-Männer oder wie immer Sie die nennen wollen, die sich mit dieser Form psychologischer Fitness beschäftigen.» (Ernst Middendorp, Cheftrainer Kaizer Chiefs, Trainingsgelände, Johannesburg, Oktober 2005)

Die Black Leopards

Einer der südafrikanischen Erstliga-Clubs (PSL: Premier Soccer League), die Middendorp meinte, als er auf die notwendigen Abwehrmaßnahmen gegen den feindlichen Einsatz von Magie und Psychokrieg hinwies, hat seinen Sitz weit im Norden Südafrikas. Die Schwarzen Leoparden (Lidoda Duva) sind neben den Dynamos die Fußballmacht der Limpopo Province. Obwohl ihre Heimat gut 600 Kilometer weiter nördlich liegt, unterhalten die Leoparden in einem modernen Gebäudekomplex der Johannesburger Innenstadt ein Büro. Das ist ungefähr so selbstverständlich, als unterhielte der 1. FC Nürnberg in Berlin eine Abteilung für Öffentlichkeitsarbeit und Marketing.

Downtown Johannesburg. Hinter verschlossenen und getönten Scheiben, im zwölften Stock eines Bürokomplexes, sitze ich nach endlosen Telefonaten, schriftlichen Vereinbarungen und Faxanfragen mit Tshifhiwa «Chief» Thidiela in einer Sitzgarnitur aus Plastik, umgeben von Marketingartikeln der Leopards. «Chief» Thidiela ist etwa 30 Jahre alt und der Brand-Manager des Clubs. Sein Nachname taucht in allen relevanten Positionen der Clubführung auf, denn die jüngere Vergangenheit der Leoparden ist eng mit seiner Familie verbunden; sie hat den Club 1998 «übernommen». Vom Vorstandsvorsitzenden, über den General Team Manager bis zum Marketingverantwortlichen: Die Black Leopards sind eine Art Familienunternehmen.

«Chief» Thidiela, wie Tshifhiwa hier nur genannt wird, ist jung, gewandt und mit allen Insignien ausgestattet, die erfolgreiche Jungmanager als Ausdruck ihrer Zugehörigkeit zur neuen Elite zu benötigen scheinen: Dreadlocks, Designerkleidung, modische Telefone, elektronische Spielzeuge, Autoschlüsselembleme, Habitus, Gestus – beim «Chief» ist alles stimmig und aus einem Guss. Er gibt sein Bestes, die Marke «Schwarze Leoparden» so glaubwürdig wie irgend möglich darzustellen, frei von allem aus seiner Sicht Folkloristischen, Rückwärtsgewandten, möglichst auch frei von allen Traditionen und Ritualen, die mit Fußball und Magie zusammenhängen. Und er ist gut darin. Was also ist dran an den vielen Presseberichten, Geschichten und Gerüchten über die Kraft magischer Mittel, deren Einsatz den Schwarzen Leoparden so häufig nachgesagt wird? Welcher Zauber verhilft den Leoparden zum Sieg? Thidiela kann die Geschichten nicht unterdrücken, auch wenn er ein wenig versucht, die aktive Beteiligung des Clubs an Ritualen zu relativieren:

«Für uns als Profiverein, der aus der Venda-Region der Limpopo Province stammt, von der die Leute ohnehin glauben, dass dort sehr mächtige traditionelle Heiler und Magier leben, ist der Liga-Alltag nicht so einfach. Die gegnerischen Teams aus dem übrigen Südafrika sind uns gegenüber sehr skeptisch, ja misstrauisch. Sie glauben, wir wenden alle möglichen magischen Tricks und Zaubereien an, um auf dem Platz zu gewinnen. Aber die grundsätzliche Frage ist doch, ob der Einsatz von Zauberei überhaupt eine Wirkung haben kann, ob man mit ihrer Hilfe Spiele gewinnt? Ich bin der Meinung, dass dir im Sport und vor allem im Fußball, nichts anderes hilft, als sehr, sehr hartes Training. Du musst ein gutes System spielen, du brauchst engagierte Spieler, eine gute Mannschaft. Es gibt nichts anderes, was dir wirklich hilft, dich zu verbessern, außer ständigem und hartem Training.

Ja klar, es gibt unendlich viele von Geschichten wie dieser: Wir haben bei manchen Spielen natürlich auch *muti medicine* benutzt, wie andere Clubs auch. Um bei einem Heimspiel auf dem magischen Level für unseren Sieg zu kämpfen, um die Kraft und die

Zustimmung unserer Vorväter hinter uns zu haben, bekamen wir von einem *witchdoctor* aus dem Umfeld unseres Clubs ein Mittel, das wir heimlich vor dem Spiel an die Torpfosten schmierten, damit der Ball von unserem Tor fernbleibt, aber «den Weg ins gegnerische Tor findet», zum Beispiel bei einem Freistoß oder Elfmeter. Ich erinnere mich an ein paar der Zutaten. Das war eine geheimnisvolle Mischung aus bestimmten Kräutern, hier aus dem Busch, verbrannten Vogelfedern, Partikeln einer Schlange und einer grauen, wachsartigen Substanz, die angeblich das Fett eines Löwen war. Oder für uns noch besser, das eines Leoparden. Das Ganze gemischt mit Hühnerblut; alles Mögliche konnte außerdem noch drin sein. Je nachdem, auf welchen Gegner wir trafen, denn die brachten ja ihrerseits magische Mittel zum Spiel mit, die sie gegen unsere anzuwenden versuchten. Nachts wurden diese magischen Substanzen heimlich vom *witchdoctor* in einer Zeremonie zusammengerührt, mit Flüchen beschworen, manchmal überm Feuer. Bei diesen Zusammenkünften haben wir die Geister unserer Ahnen um Macht und Hilfe für das nächste Match angerufen. Für gewöhnlich wurden ein paar Spieler der Mannschaft von «älteren Clubmitgliedern» (Managern) mit diesen *special projects* beauftragt, d.h., sie waren am Tag zuvor dabei, tranken diese *muti.* Oder es gab eine kleine Zeremonie in der Umkleide direkt vor dem Spiel, dann rieben sich alle Spieler unseres Teams diese *muti* auf Beine und Körper.

Es gab auch Abmachungen, dass jemand von uns in der Nacht vor dem Spiel in unser Heimstadion (Thohoyandou) ging und diese *muti medicine* an die Torpfosten schmierte, manchmal kam einer der *witchdoctors* auch selbst mit. Oder wir haben diese Substanzen zuerst verbrannt und anschließend im Strafraum vergraben, auf der Torlinie oder im Fünfmeterraum. Die Namen besonders starker gegnerischer Stürmer wurden auf kleine Zettel geschrieben und ebenso verbrannt. Oder diese Zettel wurden mit einer *muti* behandelt, die ihnen die Kraft rauben sollte. Man konnte diesen präparierten Zettel mit dem Namen seines Gegenspielers während des

Spiels in die eigenen Stutzen stecken. Das sind alles Mittel, um das gegnerische Team zu schwächen, die Mannschaft am Torschuss zu hindern oder den Ball durch die Kraft der Geister unserer Ahnen am Tor vorbeizulenken. Angerührt und transportiert haben wir die *muti medicine* gerne in alten Konservendosen. Wenn diese von Zuschauern oder Offiziellen hinter dem Platz gefunden wurden, kam es sehr schnell zu Anschuldigungen, Tumulten, Chaos bis zu Handgemengen und Schlägereien zwischen Fans, Vereinen und Offiziellen. Nach Fisch stinkende Torpfosten alarmierten die Torhüter sofort: Sie ahnten, dass jemand ihr Gehäuse mit *muti* aus Fischkonservendosen präpariert hatte. Sie informierten ihr Management, diese ergriffen Gegenmaßnahmen, um den Zauber zu brechen. Mal streuten sie um diese präparierten Stellen herum sehr grobes Salz. Ein weiterer Trick, um die Wirkung des gegnerischen Zaubers zu brechen, bestand darin, dass man ein Kind oder einen jungen Menschen (jedenfalls musste er oder sie noch «rein» sein, d. h. durfte keinen Geschlechtsverkehr gehabt haben) an die Stellen des Platzes urinieren ließ, an der man gegnerischen Zauber vermutete.»

Und in der Tat: Nicht selten fliegen solche «spirituellen Manöver» schon vor dem Anpfiff des Spiels auf. Fanatisierte Fans, die so weit gehen, vor entscheidenden Spielen sogar vor dem Stadion zu schlafen, inspizieren die Gegend genau. Inzwischen gibt es sogar Match Commissioners, die nicht nur den festen Sitz der Tornetze, die Genauigkeit der Linien und den Zustand des Rasens prüfen. Sie schauen, wenn ihnen bestimmte verdächtige Gegenstände am Spielfeldrand auffallen, auch wegen magischer Manipulationen genauer hin. Das technische Gremium des Dachverbandes CAF registriert die Verstöße, spricht Verwarnungen gegen solche Clubs aus, die die Statuten von 2002 nicht beachten, und verhängt schließlich Geld- oder Punktstrafen als ultima ratio.

Einer der Spieler, der an einem solchen magischen Ritual teilnahm, beschrieb mir die Umstände so:

«In letzter Zeit lief es ziemlich mies für unser Team! Wir hatten oft unglücklich verloren und dreimal hintereinander unentschieden gespielt. Die Manager sagten, es müsse etwas geschehen. Wir Spieler dachten, sie meinten Extra-Training, doch als sie uns in den Bus steigen ließen, obwohl wir kein Spiel hatten, war uns klar, dass sie ein *special project* planten. Wir fuhren den ganzen Tag, weit in den Norden, wo der Limpopo fließt. Sogar die Manager waren diesmal dabei. Als wir in der Dämmerung mitten im Busch anhielten, konnten wir erkennen, wie ein Magier und sein Gehilfe eine bräunliche Flüssigkeit aus Eimern in einen Termitenhügel kippten. Sie hatten die Spitze zuvor entfernt und ihn innen ausgehöhlt. Wir Spieler stiegen einer nach dem anderen in diesen Termitenhügel und badeten nackt in diesem stinkig-öligen Zeug. Wir mussten danach rückwärts zum Bus gehen und durften nicht sprechen. Die magische Medizin schützt uns vor dem Zauber der Gegner – hier in der Einsamkeit konnten wir uns endlich auf unser Spiel konzentrieren, wir wurden ein schlagkräftiges Team. Ich habe keine Ahnung, woraus die *muti*-Medizin im Termitenhügel bestand und was an ihr wirken soll. Aber wir haben nach der Behandlung alle weiteren Spiele gewonnen.»

Limpopo Province

Die Limpopo Province ist sicher eine der landschaftlich schönsten und eindrucksvollsten Regionen der «Rainbow Nation». Der Bevölkerungsanteil der englisch sprechenden Weißen liegt hier bei nur knapp einem Prozent; im Ranking der Banker taucht die Limpopo Province regelmäßig in der Rubrik «strukturschwach» auf, ökonomisch weit abgehängt von den weißen Industrie- und Speckgürteln Kapstadts und Johannesburgs. Doch genau aus dem Fehlen westlicher Standards und der daraus resultierenden Natürlichkeit der Region erwächst zu einem guten Teil ihre Anziehungskraft: Rinderzucht, teilweise in traditioneller Form, Anbau tropischer

Früchte und 80 Prozent der arrangierten Jagdveranstaltungen für schieß- und zahlungsfreudige Touristen bilden die ökonomische Grundlage im Norden Südafrikas.

Die Grenzlage zum Krüger-Nationalpark bzw. zu Mosambik im Osten, zu Botswana und zu Simbabwe im Norden bilden den geografischen Hintergrund, der Land und Leute prägt; dort kann selbst ein Fremder Präsenz und Bedeutung von traditioneller Religion und Medizin und dem Glauben an *witchcraft* im Alltag kaum übersehen. Die Dichte niedergelassener Mediziner und Krankenhäuser ist hier viel geringer als in der Gauteng Province oder der Kap-Provinz. Entsprechend hoch ist die Anzahl und das Ansehen traditioneller Heiler und Vertreter anderer Berufe, die es in anderen Regionen des Landes gar nicht oder viel seltener gibt: Zu ihnen gehört auch der «Tshigomamutanda» – das ist jemand, der seinen Lebensunterhalt durch das Sammeln von Heilpflanzen und -kräutern verdient, die er mit bescheidenem Gewinn an die traditionellen Heiler weiterverkauft.

Informelle oder auch registrierte Händler aus dieser Region, die hauptberuflich durch die Nationalparks und die angrenzenden Gebiete streifen, versorgen die *witchdoctors* und Magier mit Ausrüstung und Zutaten: Häute, Felle, Hörner, Klauen und andere Körperteile und Trophäen wilder Tiere, die für die Rituale im Kabinentrakt oder dem Strafraum gebraucht werden, gelangen auf diesem Weg zum Kunden.

Die Händler schaffen neben Heilpflanzen auch Vögel, Affen, Pfoten, Schädel, Zähne, Krallen oder Fett von Löwen, Hyänen und Krokodilen und vieles mehr auf die sogenannten *muti*-Märkte bis nach Johannesburg (in der Nähe des Hauptbahnhofs) oder Durban (in einer Parallelstraße hinter der Uferpromenade), wo sie ihre Abnehmer finden. Mitunter verwandelt sich der informelle «Sammler» saisonal auch schon mal in einen Jäger – je nach Definition und Verständnis auch in einen Wilderer.

Für den Fall nämlich, dass heftige Regenfälle den Zaun des Krüger-Nationalparks unterspült haben und auf mehreren Metern Länge riesige Schlupflöcher entstehen, wenn Löwen, Büffel oder andere Tiere das Naturschutzgebiet oder den Park verlassen, sich in Nachbargemeinden auf Futtersuche begeben und beginnen, Schafe, Kühe oder Hunde zu reißen und in seltenen Fällen auch Menschen zu töten, haben die Nachbarn der Parks (nicht nur des Krüger-Nationalparks) von der Regierung das Recht erwirkt, sich zu verteidigen und die Tiere zu jagen.

Sollten jedoch die heftigen Regenfälle über längere Zeit ausbleiben, überqueren eben ein paar der «Sammler» den Zaun auch schon mal in die Gegenrichtung, um im Park «zu sammeln», was die Märkte der Städte brauchen. In unregelmäßigen Abständen führt die Polizei in abschreckenden, öffentlichkeitswirksamen Aktionen große Razzien durch, in denen der allzu eifrigen Sammelleidenschaft wieder ein wenig Einhalt geboten wird. Im Mai 2007 wurden bei einer solchen Razzia 16 Männer und drei Frauen verhaftet, die Pflanzen und Tiere im Wert von mehr als 300 000,– Euro abtransportieren wollten. Neben geschützten Pflanzen befanden sich unter den sichergestellten Stücken Zähne und Haut von Elefanten, Geparden und Löwen sowie vollständige Kadaver von Geiern und Reptilienhäute. Die leicht erhältlichen und gut verfügbaren Tierarten und -teile enden auf den heimischen, d.h. afrikanischen Märkten, wo sich eben auch die *witchdoctors* der Fußballer eindecken können.

Unser Wort «Park» und die europäische Vorstellung eines künstlich geschaffenen Raums als Naherholungsgebiet in oder bei einer Stadt haben mit dem Naturschutzgebiet, das unter dem Namen Krüger-Nationalpark weltbekannt ist, nichts gemein: Der Krüger-Nationalpark ist zwischen Crocodile River und dem Limpopo-Grenzfluss in Nord-Süd-Richtung gut 350 Kilometer lang, an einigen Stellen gut 65 Kilometer breit und entspricht damit etwa der Größe von Rheinland-Pfalz. In diesem Naturschutzgebiet lebt ein Wildtierbestand von etwa 11 000 Elefanten, 1 500 Löwen, 2 500

Büffeln und etwa 5 000 Nashörnern. Es ist ein offenes Geheimnis, dass die erlesenen und wirklich kostbaren Trophäen – Tier- und Pflanzenteile, die illegal aus dem Park geschmuggelt werden – oft an sehr wohlhabende Abnehmer in Fernost, der arabischen Halbinsel und China gehen, wo sie zur Herstellung traditioneller Medizin verwendet und in nicht wenigen Fällen in Potenzmittel umgearbeitet werden. Dass diese Mittel samt und sonders medizinisch sinn- und wirkungslos sind, tut dem Aberglauben der wenigstens wirtschaftlich potenten Käufer keinen Abbruch.

«Vom Keller bis zum Dach»

Im Herbst 2005 besuchte ich die Kulturabteilung der deutschen Botschaft in Tshwane (Pretoria), um dort einerseits von dem Verlauf der bisherigen Dreharbeiten und Interviews in Südafrika zu berichten und mich andererseits um eine Drehgenehmigung des Königshauses von Swasiland zu bemühen. Jörg Kinnen, Deutschlands erster Botschaftssekretär und Presseattaché in Südafrika, ist auch für das kleine benachbarte Königreich zuständig; er empfing mich in seinem Büro.

Bei dieser Gelegenheit lernte ich Nephtaly kennen, einen einheimischen Handwerker, der im Botschaftsgebäude in der Blackwood Street gerade Bau- und Maurerarbeiten ausführte. In Südafrika ist Fußball bekanntermaßen ein allgegenwärtiges Thema, und so kamen wir schnell ins Gespräch. Ich berichtete ihm, warum wir gekommen waren, dass wir schon in anderen afrikanischen Ländern magische Zeremonien und Rituale gefilmt hatten, dass ich bereits bei den Chiefs und den Leopards war und dass wir weiter nach Swasiland wollten, um auch dort zu erfahren, mit welchen Mitteln im Strafraum gehext würde. Eine seiner Augenbrauen hob sich skeptisch um zwei Millimeter: «Und deswegen kommt ihr extra aus Deutschland hierher? Ihr macht diese Reisen, fahrt tausende Kilometer mit dem Auto durch all diese Länder, ihr betreibt diesen ganzen Aufwand, nur um magische Rituale im Fußball zu sehen?» Er lachte mich gleichzeitig an und aus, schüttelte ungläubig den Kopf, sodass seine Rastalocken schwungvoll durch die Luft wirbelten. So als sei diese Idee mindestens ebenso sonderbar wie der Glaube an die Wirkung von Löwenfett am Torwarttrikot oder verbrannte Hahnenfüße im Anstoßkreis. «Warum machst du das?», fragte er mich. «Das ist doch nichts Besonderes, das findest du in Afrika vom Keller bis zum Dach! Leute! Zu Hause in meinem Dorf besucht die Mannschaft jede Woche den Hexenmeister in seiner Hütte. Der Trainer geht dort mit seinen Jungs am Vorabend des Spiels hin, um eine Zeremonie durchzuführen, was soll daran Besonderes sein? Die Gegner machen das genauso.»

Wenn wir ihm das Benzin für die Hin- und Rückfahrt mit seinem VW-Bus zahlten, würde er sehen, was sich machen ließe. In fünf Tagen sei Treffpunkt am Paul Krüger Gate, von dort aus sei es nicht mehr weit bis zu ihm nach Hause. Keine 30 Minuten später war der Trip nach Swasiland erst einmal für eine gute Woche verschoben. Natürlich wollten wir zuerst in Nephtalys Dorf in die Grenzregion der Provinz Mpumalanga fahren!

Auf der Nationalstraße 4 nach Osten, Richtung Witbank, fuhren wir auf einem schönen Highway durch eine abwechslungsreiche, sehr anmutige Landschaft. Von früheren Reisen durchs Land wusste ich noch, dass man an den bestens ausgestatteten Tankstellen zwar einen Kaugummi für umgerechnet 10 Cent problemlos mit Kreditkarte bezahlen konnte, aber keine Tankfüllung! Um Benzin mit einer ausländischen Kreditkarte bezahlen zu können, benötigte man eine «Petrol-» oder «Fuel Card»; und die bekam man nur, wenn man in Südafrika ein Bankkonto unterhielt. In unseren voll geländetauglichen Toyota Hi Lux Dubble Cab, 4x4 mit Seilwinde, Spaten und extra großem Tank passten mühelos 150 Liter Diesel. Wir brauchten also Bargeld in ausreichender Menge für uns und für Nephtalys Wagen.

Mit einem stabilen Auto, einem vollen Tank, einer guten Crew und genug Bargeld kann man sich als Dokumentarfilmer in Südafrika sehr gut fortbewegen und einiges produzieren. Während der ersten Tage fasst man zwar während der Fahrt beim Schalten noch versehentlich mit der rechten Hand in die Seitenablage der Tür statt an den Schaltknauf, betätigt statt des Blinkers beim Abbiegen den Scheibenwischer und setzt versehentlich den Blinker, wenn man eigentlich die Scheibe von Staub oder Regentropfen säubern will. Das sind die Segnungen des Linksverkehrs und entsprechend ausgelegter Fahrzeuge.

Volle Konzentration verlangt zu Beginn vor allem das Rechtsabbiegen, da man sich sonst unter Umständen ungewollt auf einer Spur der Gegenfahrbahn wiederfindet. Außerdem benötigt man ein paar Grundkenntnisse der landesüblichen Handzeichen: Tramper – und das sind bei weitem nicht nur junge Leute – benutzen am Straßenrand stehend ihren Zeigefinger, nicht den Daumen(!), sowie ein paar Ausdrücke für den Straßenverkehr: eine Ampel heißt in Südafrika «Robot» und nicht etwa «traffic light»; Letzteres versteht und benutzt dort kein Mensch: ein Gegenstand, der automatisch immer wieder die gleiche Tätigkeit durchführe, eben rot-gelb-grün, sei nun mal wie ein Roboter, auch wenn er sich nicht bewege, so die Erklärung eines einheimischen Freundes. Auch an den für uns ungewöhnlichen Anblick ganzer Bautrupps weiblicher Bauarbeiter gewöhnt man sich erst allmählich. In ihrer leuchtend orangegelben Arbeitskluft asphaltieren sie in praller Mittagshitze die Straßen, bewegen per Hand und Schippe Berge dampfenden Teers und tragen bei dieser Tätigkeit manchmal sogar noch ein Kleinkind auf dem Rücken.

Sperrig wirkt auch der Anblick bestimmter Straßenschilder, die man während der Fahrt auf besagter N4 gelegentlich passiert: «Vorsicht! LKW-Reifen werden geklaut», «Verbrechensgefahr – nicht anhalten!» und «Entführungsgefahr – nicht anhalten! » – so warnt ein weißes Dreieck, rot umrandet, bisweilen mit aussagekräftigen

Piktogrammen versehen. Vor allem dann, wenn man mit Bargeld in der Tasche, einem Kamerakran auf dem Dach und sehr teurem TV-Equipment im Kofferraum durch diese Gegend fährt, verdrängt man Gedanken, die um den Verlust der einen, der anderen oder aller drei Komponenten kreisen, besser sehr schnell. Höllische Vorsicht ist vor allem in Nähe von Siedlungen geboten, die links und rechts des Highways liegen. Man muss jederzeit damit rechnen, dass Händler mit überladenen Pickups, die hier Bakkies heißen, unvermittelt von den Seitenrändern auf die Straße einbiegen, dass Viehherden, ausgerissene Esel oder spielende Kinder die Straße kreuzen.

Doch schließlich erreichten wir unbehelligt und zum verabredeten Zeitpunkt das Paul Krüger Gate, wo Nephtaly schon bestens gelaunt auf uns wartete. Dort endete die betonierte Piste und wich erwartungsgemäß einer sogenannten Gravelroad, so wie auf den Karten von Nelspruit Richtung Norden eingezeichnet. Was auf der Karte als Gravelroad bezeichnet ist, bietet oft Überraschungen und kann alles Mögliche bedeuten: entweder eine breite Straße, zwar ohne Randbegrenzung, Mittelstreifen und Teerbelag, aber in beide Richtungen auf festem Untergrund, gut befahrbar und meist mit Kies- oder Rollsplitt bestreut. Oder es ist eine stark gewundene Straße, auch ohne Mittelstreifen und Randbegrenzung – zusätzlich, je nach Witterung, aber von kreuz und quer liegenden Ästen versperrt und mit Schlaglöchern garniert, sodass es eigentlich ziemlich egal ist, ob in dem Land an sich Links- oder Rechtsverkehr vorgeschrieben ist. Man fährt einfach dort, wo ein Rest des steinharten roten Sandbodens Reifenspuren aufweist, die dem Fahrer zeigen, dass hier vor kurzem noch jemand gefahren sein muss und die Tour offenbar überstanden hat.

Sobald auf dieser Art von Straßen die ortsüblich heftigen Regengüsse niedergehen, vervielfacht sich die Reisezeit. Unsere Gravelroad erwies sich diesmal als eine Mischform der beschriebenen Straßenverhältnisse. Büsche und Bäume links und rechts der Piste wurden allmählich dichter und höher, die Zahl wilder Tiere in der

Umgebung stieg, die der Autos sank. Nephtalys Fahrstil verriet uns, dass er die Strecke schon oft gefahren sein musste. Ein paar aufgescheuchte Gazellen oder ein Trupp Warzenschweine, die aus vollem Lauf abrupt vor ihm abbremsten und uns vom Straßenrand anstarrten, brachten ihn kein bisschen aus der Ruhe. Sein weißer VW-Bus schlingerte vor uns auf dem sandigen Untergrund in einer Art Ideallinie durch die Kurven, immer weiter seinem Heimatdorf Huntingdon entgegen. Dort sollte zwei Tage später die Mannschaft des Huntingdon FC auf das Team des Lokalrivalen von Wednesday treffen. Der Trainer und die Spieler des Huntingdon FC sollten am Tag vor dem Spiel ihren *witchdoctor* in dessen Hütte aufsuchen. Fett eines Löwen, Partikel eines Skorpions und die Hufe eines Zebras, die in den Händen eines *witchdoctor* magische Kraft entfalten würden, sollten dem FC zu einem eindrucksvollen Sieg verhelfen.

Als wir nach endlos scheinender Fahrt am späten Nachmittag die winzige Ortschaft Huntingdon erreichten, fuhren wir auf kleinen Kuhpfaden zwischen mannshohen Palisaden aus ineinander verschränkten Ästen und Dornengestrüpp. In solche im südlichen Afrika traditionelle Gatter, die auf Afrikaans *Kraal* heißen, wird abends das Vieh getrieben. Vor einem auffallend großen, modernen Haus standen im Vordergrund zwei runde Zuluhütten. Davor saß ein Mann in einen rot-schwarz-weißen Umhang gehüllt, der ihn schon von weitem als einen Sangoma auswies. Um seinen Hals baumelten reichlich Ketten aus sehr feinen, bunten Kugeln. Es war ein rundlicher, kahlköpfiger Mann mit gleichwohl markanten Gesichtszügen und ungewöhnlich durchdringendem Blick. Über seinem gewölbten Bauch trug er zwei kreuzweise gegürtete Stoffbahnen in Weiß, darunter ein ärmelloses Shirt in Schwarz. Er saß vor seiner Hütte und spielte liebevoll mit einer Gruppe kleiner Kinder, von denen ein paar entweder auf seinem Schoß oder seinen Armen saßen.

Endlich trafen wir den Magier, von dem Nephtaly gesagt hatte, dass er Woche für Woche die Spieler des kleinen Clubs Huntingdon

FC in seiner Hütte «spirituell stärke», bevor sie am nächsten Tag zum Match aufliefen. Oder ihre Gegner schwäche, je nachdem ... Der angenehm kühle Lehmboden seiner Hütte war so sauber wie der Boden einer Klinik. Der Durchmesser der kegelförmigen Hütte mochte etwa vier Meter betragen; in der Mitte, wo das Dach durch einen stabilen Holzpfosten im Innern getragen wurde, konnte man bequem aufrecht stehen, an den Rändern nur leicht gebückt je nach Körpergröße. An den Wänden erkannte man die

Sangoma «Dumezulu» fragt die Geister seiner Ahnen um Rat: Mit welcher Strategie soll die Mannschaft des Huntingdon FC im nächsten Match antreten? In seiner Hand hält er den Huf eines Zebras, der die Schusskraft eines Spielers stärken soll.

Häute und Felle eines Zebras, eines mächtigen Pythons und eines Pavians, außerdem eine Reihe von Trommeln in verschiedenen Größen und Formen sowie einen größeren abgedeckten Korb und alle anderen notwendigen Behandlungsgegenstände und natürlich den unverzichtbaren Kuhschweif. An der Innenseite der Tür hingen mehrere der rot-schwarz-weißen Tücher. Arbeitskleidung. Sobald diese Tür geschlossen wurde, herrschte in dem Raum ein angenehmes Dämmerlicht. Auf dem Boden der Hütte lagen verschiedene Bastmatten und das schöne hellbeige-weiße Fell einer Antilope oder Gazelle. Auf der rechten Seite der Hütte stand ein großer Holzbottich mit der Öffnung nach unten. Gefüllt sollte sein magischer flüssiger Inhalt Trikots, Stutzen und Hosen umspülen, mit Zauberkraft aufladen und für einen bemerkenswerten Heimsieg des Huntingdon FC sorgen.

Dumezulu

Dumezulu, wie uns Nephtaly den Magier vorstellte, war ein sehr freundlicher und zuvorkommender Mann. Er bat uns, in seiner Hütte einen Augenblick zu warten. Mit einem abgedeckten Korb in der Hand ging er an uns vorbei in den Hof. Dort stand zwischen dem Neubau und den beiden traditionellen Zuluhütten eine vielleicht kniehohe, etwas unscheinbare Pflanze, mit schmalem Stamm und nur wenigen Blättern: Dumezulu kniete vor dieser Pflanze nieder und begann zu murmeln. Er verneigte sich mehrmals, formte die Hände zu einem Hohlraum, pustete Luft hinein und murmelte erneut. Dann schüttelte er den eingehauchten luftigen Inhalt seiner Hände und öffnete sie in Richtung der Pflanze. Abschließend entnahm er dem Korb ein kleines Fläschchen und prustete aus dem Mund eine Flüssigkeit auf diese Pflanze, schloss dabei die Augen, murmelte erneut etwas, verschloss den Korb und kam wieder herein.

Ich hatte währenddessen im Eingang der Hütte gesessen und ihn bei seiner Arbeit beobachtet. Als er wieder hereinkam und meine fragenden Blicke sah, setzte er sich kerzengerade vor uns und sagte mit unerwartet tiefer, sonorer Stimme, dass er die Geister seiner Ahnen da draußen gefragt habe, ob er mit uns sprechen dürfe. Sie seien einverstanden, wir kämen in guter Absicht, das hätten die Geister bestätigt. Als Sangoma berate er zwar viele Menschen aus der Gegend in den verschiedensten Lebenssituationen, aber mit Fußballern verbinde ihn eine ganz besondere Beziehung. Sein Freund Nephtaly hätte ihm berichtet, warum wir hier seien. Er könne uns sagen, was er von magischen Ritualen im Fußball wisse und wie seine Jungs am kommenden Tag gewinnen würden:

«Das Hauptanliegen, mit dem die Fußballer zu mir kommen, ist, dass ich als Wahrsager und Magier Kontakt aufnehme mit meinen Ahnen und ihnen dann Ratschläge geben kann, wie sie ihr nächstes Spiel gewinnen können. Ich befrage ein Set von Knochen, Dollos, die ich werfe. Ich kann an ihnen erkennen, wie ich den Spielern helfen oder den Gegner schwächen kann. Die Knochen verraten mir für gewöhnlich, welche Pflanzen oder Tierteile ich benutzen muss, um den Gegner zu schwächen. Ich habe mit dem Trainer der Jungs schon gesprochen; wenn er sich an das hält, was mir die Ahnen gesagt haben, kann er gar nichts falsch machen!

Die erste Vorbereitung für heute ist, dass ich das Set der Knochen werfe und sie befrage. Sie sagen mir alles, zum Beispiel wo ich mit der Zeremonie beginnen und wo ich enden soll. Ich kann, nachdem ich die Dollos geworfen habe, schon jetzt sagen, dass wir morgen durch die Mitte spielen müssen. Wir müssen ein frühes Tor erzielen, sonst werden wir Wednesday nicht besiegen können, sie sind wirklich gut, haben eine starke Verteidigung und geben nie auf! Nummer neun, unser Mittelstürmer hier (Dumezulu zeigte mit dem Kuhschweif auf einen Dominostein, der neun weiße Punkte trug), wird von den Geistern morgen viel Kraft bekommen. Er wird ein frühes Tor machen können, ich bin sicher.

Die zweite Vorbereitung für das morgige Spiel besteht darin, dass ich die Spieler zu meiner Hütte rufe, einen nach dem anderen.

Dann habe ich hier diese Heilpflanzen vorbereitet. Das hier beispielsweise ist «Fever Tree» (Fieberbaum), den man hier in der Gegend findet, ich mische ihn mit dieser *muti*. Der «Fever Tree» ist ein Baum, der in der Nähe von Sümpfen wächst, vor allem in Südafrika, Swasiland, Simbabwe, Malawi, aber auch Mosambik und Sambia und noch anderen Gegenden. Als junger Sangoma war ich in all diesen Ländern auf Wanderschaft. Ich habe dort in vielen Tagen und Nächten mein Wissen über starke Zauberkräfte von älteren Magiern erlernt. Die Geister meiner Ahnen haben mir oft genug den Weg zu diesem besonderen Baum gezeigt. Viele glauben heute noch, dass sich von der Gegend um ihn das Malaria-Fieber ausbreitet, und halten sich deshalb von ihm fern. In Wahrheit ist es ein Baum, der eben geheime Kräfte hat, man muss aber das Wissen der Alten haben, sonst wird man nie begreifen, wie man seine Kraft nutzen kann.

Die «Medizin» aus diesem Baum und einer Reihe anderer Zutaten werden in viel Wasser aufgelöst. Die Trikots meiner Mannschaft werden einzeln darin gewaschen, hier in dem großen Bottich, ebenso die Stutzen und Hosen. Du wirst nachher alles draußen am Zaun hängen sehen. Für euch sieht es aus, als wären das einfach nur gewaschene Trikots, du wirst die Kraft nicht sehen, aber meine Jungs werden sie spüren. Die Spieler kommen einzeln zu mir herein, einer nach dem anderen. Ich sage jedem, wie er spielen soll. Sie ziehen ihre Trikots an, während ich sie berate. Ich zünde ein kleines Feuer in der Hütte an, nehme ein wenig vom Fett eines Löwen und gebe davon ins Feuer. Doch dazu später.

Als Erstes ist der Torhüter dran; für ihn brauche ich diese Hand, es ist die Hand eines Affen. Für einen Torhüter benutzt man nämlich die Hand eines Affen oder eines Pavians. Er muss aktiv sein, versteht ihr, er muss überall schnell hinspringen können, um den Ball aus dem Tor zu holen! Der Torhüter kann durch diese Medizin einfach alles mit dem Ball tun. Eben so wie ein Affe. Wenn wir einen Affen oder Pavian ansehen, so kann er springen und abtauchen;

er kann alles tun, er kann sich so schnell bewegen, wie er will. Das hier ist Fett eines Löwen. Wenn wir einen Löwen ansehen, selbst wenn wir nur das Fell eines Löwen sehen, flößt es uns Respekt ein, manche erschrecken sogar regelrecht. Deshalb nehme ich ganz wenig von diesem Fett hier und reibe es an den unteren Rand des Torwarttrikots. Wenn der Torwart bei Ecken oder Flanken hinauslaufen muss, werden seine Gegner die Macht des Löwen spüren, keiner wird ihn bedrängen oder anfassen!

Sehen wir uns nun die Verteidiger und das Mittelfeld an: Sie müssen läuferisch gut sein. Hinzu kommt, dass sie einen harten Schuss haben müssen. Es gibt nur ein Tier, das immer stark ist, das immer laufen kann, egal wie heiß es ist, und das ist das Zebra. Es hat vor allem nicht nur immer Kraft, es kann auch verdammt hart zutreten! Außerdem ist ein Zebra mutig, selbst der Löwe muss sich vor den Hufen des Zebras in Acht nehmen, wenn es zutritt. Wenn wir also wissen, dass das Zebra bei weitem der stärkste Läufer ist – bei Hitze ebenso wie bei Regen oder Staub – und niemals aufgibt, wie können wir uns dann seine Kraft zunutze machen? Ganz einfach, mit dem Huf eines Zebras übertrage ich seine Kraft auf die Fußballschuhe der Verteidiger und der Mittelfeldspieler. Es funktioniert, glaubt mir!»

Vor Dumezulu lagen zwei Hände oder Füße eines Affen, ein grauer Klumpen, der zwar aussah wie Knetmasse, aber völlig anders roch – vielleicht war es wirklich Löwenfett –, und der dunkelgrau-schwarze Huf eines Zebras. Dann kamen die Spieler und reihten sich vor Dumezulus Tür auf. Er rief sie einzeln herein, nahm ihre Hände und sprach leise Beschwörungsformeln. Er kniete vor einem Feuer, das inzwischen auf dem Boden der Hütte glomm. Neben ihm lagen griffbereit verschiedene getrocknete und frische Pflanzen, von denen er ab und zu eine ins Feuer warf. Die Spieler stiegen über dieses Feuer, beißender Rauch zog an ihren Körpern nach oben – und mit ihm die geheimen Kräfte.

Als die Verteidiger und Mittelfeldspieler an der Reihe waren, rieb Dumezulu schließlich die Zebrahufe über den Spann und die Spitze ihrer Fußballschuhe und murmelte dabei seine Beschwörungen. Jeder der Spieler verharrte dabei reglos vor ihm, offenbar voll konzentriert. Sie alle wurden sehr ruhig, obwohl sie noch vor kurzem ein Haufen lachender und feixender junger Burschen waren. Abschließend gingen sie nochmals über das Feuer, und jeder von ihnen bekam für das Spiel seine Medizin und ein paar Ratschläge.

Am nächsten Nachmittag kamen wir auf einen Platz, der weder Seitenlinien noch Mittelkreis, Strafraum oder sonst irgendwelche Markierungen trug. In anderen Ländern hatte man vor Spielbeginn auf vergleichbaren Plätzen wenigstens mit einer schwarzen Spraydose die Spielfeldbegrenzung direkt auf die Reste des Rasens gesprüht. Doch hier gab es einfach nur eine ebene, wenn auch vollständig ausgedörrte, staubige Fläche, an deren Rändern hohe knorrige Bäume nur wenig Schatten spendeten. Die einzigen Markierungen waren unregelmäßig gehäufte braune Sprenkel, die Ziegen und Kühe hinterlassen hatten, als sie morgens quer über den Platz getrottet waren. Die Torstangen ohne Netze bestanden aus weiß gestrichenem, leicht angerostetem Eisen. Die wenigen Zuschauer, die um das Spielfeld standen, mussten Familienangehörige und Frauen der Spieler beider Mannschaften sein. Sie trugen keine Fan-Artikel, Fahnen oder sonstige sichtbare Erkennungszeichen, sodass für uns nur schwer auszumachen war, wo der eine Fanblock endete und der andere anfing. Aber alle waren begeistert, sangen und tanzten schon lange lautstark vor Beginn des Spiels und verursachten mit Ausdauer und Leidenschaft den gewöhnungsbedürftigen Dauerton der Vuvuzela, der inzwischen weltbekannten und berüchtigten Tröte Südafrikas. Die Mannschaft von Wednesday spielte in blau-rot gestreiften Jerseys und schwarzen Hosen, Huntingdon FC in den magisch gestärkten, scharlachroten Shirts, weißen Hosen und roten Stutzen.

Während Wednesday auf dem Spielfeld wartete, kamen die Jungs des FC in einer Reihe auf den Platz – ja, man kann das so sagen – marschiert. Mit ausgestreckten Armen klatschten sie dabei rhythmisch über ihren Köpfen in die Hände, bei jedem Schritt, den sie auf den Platz machten. Eine Performance, die ohne jeden Zweifel mannschaftliche Geschlossenheit demonstrierte und ihre Wirkung auf den Gegner nicht verfehlte.

Misstrauisch sahen sich die Spieler von Wednesday dieses Treiben an. Ihr Torwart hatte vor dem Anpfiff in sein Tor einen kleinen Karton gestellt, in dem vor Jahren wohl Waschpulver gewesen war, so verriet es jedenfalls die Aufschrift des Kartons. Während des Spiels begab ich mich direkt hinter das Tor, und es gelang mir, in den Karton hineinzuspähen: Die verschlissene Pappe wurde ausgebeult von einem pelzigen Etwas, das mit bunten Ketten – solchen, wie sie Dumezulu um den Hals trug – umwickelt war: Es handelte sich ohne Zweifel um die magischen Mittel des Wednesday-Teams.

Sobald das Spiel vom Unparteiischen angepfiffen wurde, begann eine Gruppe junger Frauen frenetisch zu kreischen und die Arme dabei wild jubelnd in die Luft zu werfen und zu klatschen, als ginge es um ein WM-Finale. Während des Confed Cups 2009 in Südafrika beschwerten sich viele europäische Spieler und vor allem TV-Zuschauer über den permanenten und nach ihrem Empfinden unangenehmen Klangteppich, den die Zuschauer in südafrikanischen Stadien mit ihren Vuvuzelas – einer Art Trompete – über die Spiele ausbreiteten. Daher soll eine ganz unerwartete Begebenheit akustischer Natur, die wir in jenem Oktober 2005 in der winzigen Ortschaft am Rand des Krüger-Parks in Südafrika erlebten, nicht unerwähnt bleiben: Nephtaly hatte zu Spielbeginn seinen weißen VW-Bus praktisch an der imaginären Seitenauslinie geparkt. Pünktlich zum Anpfiff schob er plötzlich die Seitentür auf, schaltete seinen Kassettenrekorder an und riss den Lautstärkeregler bis zum Anschlag hoch: Man stelle sich die Situation vor – wir sehen ein Fußballspiel zwischen zwei Teams der vierten oder fünften südafrikanischen Liga, die Abendsonne taucht die malerische Landschaft in ein warmes Orange-Rot-Violett, zwei Mannschaften kämpfen auf dem Platz mit Hilfe eines oder zweier *witchdoctors* und magischer Mittel um den Sieg. Und aus den scheppernden Boxen des VW-Busses dröhnt Peter Maffay! Er habe keine Ahnung, was der da singe, aber es gefalle ihm, grinst Nephtaly. «Habe ich von einem Deutschen geschenkt bekommen», ergänzt er, «ist doch coole Musik!»

Dieses Land und seine Menschen sind für jede Überraschung gut, und darauf sollte sich gefasst machen, wer dorthin zur WM reist. Wer sich dafür öffnen kann, wird viele unvergessliche Eindrücke mit nach Hause nehmen, und wer Probleme mit so etwas hat – der auch. Für uns war diese akustische Untermalung nur ein Teil eines ereignisreichen Tages, der eine ganze Reihe bisweilen schriller Überraschungen bereithielt.

In den ersten zwanzig Minuten des Spiels neutralisierten sich die Mannschaften auf dem Platz gegenseitig: Huntingdon griff beherzt an, versuchte tatsächlich, ein schnelles Tor durch die Mitte zu erzielen. Doch Wednesday verteidigte mit Geschick und Glück das Unentschieden. Ihr Torwart war binnen kürzester Zeit warmgeschossen, sah Angriff um Angriff auf sein Tor zurollen und parierte mehrmals prächtig. Wie sehr ihn dabei die Kraft seiner Ahnen unterstützte, wie sehr die Zaubermedizin aus Tierteilen im alten Waschmittelkarton hinter ihm half, war für uns und alle anderen natürlich nicht zu erkennen. Bis kurz vor der Pause waren Spielstärke und Magie beider Teams gleich stark. Es muss so um die 40. Minute gewesen sein, als einer der Huntingdon-Verteidiger im Mittelfeld den Ball am Fuß führte, auf den Strafraum von Wednesday zulief und verzweifelt nach einer Anspielstation suchte. Keiner seiner Teamkameraden stand frei. So drosch er mehr aus Verzweiflung denn als geplante Aktion den Ball aus halbrechter Position mit Wucht aufs Tor. Mag sein, dass der bis dahin so glänzend parierende Torwart durch einen vor ihm stehenden Spieler irritiert oder durch die tief stehende Sonne geblendet war – jedenfalls klatschte der Ball an die Innenseite des Pfostens und prallte von dort ins Tor. Die Führung für Huntingdon fiel praktisch mit dem Pausenpfiff. Hilflos und verärgert sah der gegnerische Torwart seine Vorderleute an, die weibliche Fangruppe von Huntingdon riss die Arme hoch und kreischte.

Bei Wiederanpfiff waren die Rollen anders verteilt: Die Wednesday-Mannschaft trug ihre Angriffe mit schnellem Kurzpassspiel vor das Tor des FC. Zweimal scheiterten die Stürmer am Torwart, einmal verhinderte der Pfosten den Ausgleich. Im Gegenzug aber baute Huntingdon völlig überraschend die Führung auf 2:0 aus. Das Team in den gestreiften Jerseys gab nun jede Zurückhaltung auf, warf alles nach vorne, wollte mit Macht wenigstens den Anschlusstreffer markieren – und lief stattdessen – magische Mittel hin oder her – in einen Konter der Roten: 3:0.

Dumezulu hatte zwar auf die kämpferische Einstellung der Wednesday-Mannschaft hingewiesen, doch das 3:0 kam wohl für diese Truppe zum ungünstigsten Zeitpunkt. Missmutig trabten sie in der verbleibenden Zeit über den Platz und glaubten offenbar nicht mehr an eine Wende. Torwart und Hintermannschaft gaben sich gegenseitig die Schuld an dem Rückstand. Huntingdon aber glückte alles: Das Team spielte mit dieser Führung im Rücken befreit auf und erzielte drei weitere Tore. Beim Abpfiff stand es 6:0!

Nach dem Abpfiff fragte ich den Trainer im Beisein der Mannschaft, welchen Anteil die magische Behandlung der Spieler an diesem unerwartet hohen Sieg gegen eine starke Mannschaft wie Wednesday habe. «Nun, ich muss meiner Mannschaft gratulieren, sie haben sich vor allem in der ersten Hälfte sehr gut an die taktischen Anweisungen gehalten. Wir haben so gespielt, wie es ausgemacht war – und die *muti* hat wohl gewirkt. Man kann einfach nicht sagen, wie viel Prozent des Sieges auf Dumezulus Konto geht, und es ist für uns auch nicht so wichtig. Meine Mannschaft hat toll gekämpft, wir haben gesiegt und unseren Ahnen den nötigen Respekt erwiesen, mehr kann ich dazu nicht sagen.»

Auch den Kapitän der siegreichen Mannschaft bat ich um seine Einschätzung, aber der winkte verlegen ab. Ihm und dem Team war nicht geheuer, dass wir so viele Fragen stellten. Nephtaly indessen war bestens gelaunt. Für den Sieg des FC (sein Sohn war der scheue Kapitän des Huntingdon-Teams) schien ihm eine weitere lautstarke Präsentation von Peter Maffays Gesang die angemessene künstlerische Untermalung zu sein. Alle Fenster und Türen des weißen Busses standen weit offen, die Boxen schepperten erneut unter dem Bariton des Deutschrockers aus Siebenbürgen, der dorthin passte wie eine Perlzwiebel auf ein Bananeneis. (Das ist, glaube ich, eine Formulierung, die der Schriftsteller Dashiell Hammett vor vielen Jahren ersann – sie traf jedenfalls meine Empfindung in diesem Moment sehr gut!)

Fußballteams investieren in witchcraft – *und gehen dazu auf Reisen!*

Nationalmannschaften und professionelle Fußballteams betreiben im südlichen Afrika einigen Aufwand und investieren mitunter sehr viel Geld in Reisen zu Magiern, die weit entfernt praktizieren, um sich vor wichtigen Spielen spirituell zu wappnen. Solche langen Reisen in einsame Gegenden haben laut Auskunft der Trainer natürlich einen ganz praktischen Hintergrund: Wenn das Team ein, zwei Tage und Nächte frei von allen störenden Einflüssen sei, fördere das den Teamgeist der Spieler. Sie sollen sich demnach in der Abgeschiedenheit einer fremden Umgebung nur auf das vor ihnen liegende Spiel konzentrieren. Keine Interviews mit Zeitungsreportern und keine Ablenkung durch Frauen und Familienangelegenheiten. Die Mannschaft und das Management sind Tag und Nacht unter sich, wachsen im Idealfall zu einer «verschworenen Gemeinschaft» zusammen. Das sei also auch nichts anderes als jedes beliebige Trainingslager von Fußballteams anderer Kontinente. Doch ein weiterer oder vielleicht auch der eigentliche Grund, warum diese Reisen unternommen werden, ist tatsächlich die Durchführung von Ritualen und verschiedenen magischen Zeremonien. Diese sollen den Fußballern vor allem eines garantieren – Harmonie mit der Welt der Geister und Ahnen und damit die spirituelle Grundlage für einen Sieg im nächsten Match.

In Swasiland

In Swasiland, dem kleinsten Land des Kontinents, dessen Territorium von der Republik Südafrika fast vollständig umschlossen wird, traf ich im Herbst 2005 einen Trainer, der seit Jahren Profiteams und Nationalmannschaften im südlichen Afrika betreute. Head Coach Francis Banda gestattete mir, nicht nur die Spieler seiner Mannschaft Green Mambas zu interviewen. Er verhalf mir außerdem zu einem Treffen mit einem berühmten *witchdoctor*, der nahe der winzigen Ortschaft Siteki an der Grenze zu Mosambik praktiziert und ein Experte in der Beratung und magischen Behandlung verschiedener Profiteams ist.

Mit knapp einer Million Einwohnern ist Swasiland zwar nur ein sehr kleines Land, aber es ist eine stolze Fußballnation, die im FIFA-Ranking vor weitaus größeren Verbänden rangiert (Platz 137 von 202, Stand Juni 2009). Die Nähe zu den großen Nachbarn Südafrika und Mosambik sorgt für eine rege Reisetätigkeit der Fußballmannschaften nach und aus Swasiland: Die Mbabane Highlanders aus Swasiland reisen nach Südafrika, und die Kaizer Chiefs und Orlando Pirates aus Südafrika reisen nach Swasiland, um diesseits und jenseits der Grenze magische Rituale zur Stärkung ihrer Mannschaft durchzuführen. In Südafrika wurde mir des Öfteren versichert, dass es in Swasiland mächtige *witchdoctors* gebe.

Weil ich also etwas über den Zusammenhang von intensiver Reisetätigkeit der Fußballclubs, der Anziehungskraft berühmter *witchdoctors* und dem finanziellen Aufwand, der von den Clubs für magische Zeremonien betrieben wird, erfahren wollte, war Swasiland ein vielversprechender Ort für meine Recherchen. Als erster Hinweis auf die Bedeutung des Landes in dieser Hinsicht sei die folgende Episode erzählt, die den Weg in die Schlagzeilen fand – ausgerechnet kurz bevor im benachbarten Südafrika der Confed Cup ausgetragen wurde, sodass sie für einigen Verdruss beim nationalen Fußballverband FA und dem Weltverband FIFA sorgte:

Im Mai 2009 wurden unter dem Anstoßpunkt des Somhlolo-National-Stadions der Hauptstadt Mbabane schwarze Hühnerfedern und ein Stück verbrannten Kunstrasens gefunden. Dort waren am Wochenende zuvor in einem Ligaspiel der Swazi Premier League die Green Mambas auf die Mbabane Swallows getroffen, das die Swallows schließlich 4:2 für sich entschieden. Es ist unklar, welcher Verein bzw. welche *witchdoctors* oder gar Spieler für die Zeremonie verantwortlich waren, die in der Nacht vor dem Spiel heimlich durchgeführt wurde und den neuen Platz ruinierte. Doch sind die Brandlöcher im Kunstrasen und die verbrannten schwarzen Federn eines Huhns ein recht überzeugendes Indiz dafür, dass auch hier die Geister der Ahnen bemüht worden waren, um der einen oder anderen Mannschaft zum Sieg zu verhelfen. Die Löcher am Anstoßkreis und vor den Toren des Platzes wurden übrigens notdürftig mit schwarzen T-Shirts verstopft. Offizielle des Verbandes dachten öffentlich darüber nach, ob Matchstrafen gegen eines oder beide Teams ausgesprochen werden sollten. Der Sportminister kündigte jedenfalls eine Untersuchung des Vorfalls an, um die Schuldigen für den entstandenen Schaden – immerhin wurde eine Summe von 600 000 US-Dollar genannt – zur Rechenschaft zu ziehen. Offiziell ist man auf Seiten des Swasi-Fußballverbandes FA erbost über den entstandenen Schaden. Doch geht es den Verantwortlichen wirklich «nur» um den zerstörten Kunstrasen, den zudem auch noch der Weltverband FIFA spendiert hat?

Die Insider der Liga-Clubs und der Nationalmannschaft zeichnen ein komplexes Bild, sobald man nach dem Zusammenhang von traditioneller Medizin, magischen Ritualen, dem Glauben an die

Macht der Ahnen und Fußball fragt. Der Sportjournalist der *Swasi Times*, Swasi Dlamini, ist einer von ihnen und berichtet seit vielen Jahren über die Ereignisse und Ungereimtheiten um Fußball und *witchcraft*. Ich traf ihn im Redaktionszimmer der *Swasi Times*, an dessen Wänden noch die Aufmacher und Titelseiten der vergangenen Woche hingen.

Swasi kam nach einem langen Arbeitstag in den Raum und nahm am großen Redaktionstisch Platz. Er wirkte sichtlich erschöpft und sah nicht so aus, als wolle er jetzt noch unbedingt die Fragen eines Fremden beantworten. Doch sobald er über Fußball zu sprechen anfing, wich alle Müdigkeit von ihm – gewissermaßen wie von Geisterhand! Schon nach wenigen Minuten war mir klar, dass da einer sprach, der sich in der Szene bestens auskannte.

«Fußball und der Einsatz magischer Mittel sind hier bei uns seit vielen Jahren ein großes Thema, in dem selbst die Regierung eine gewisse Rolle zu spielen scheint. Der Direktor des Sport- und Kulturausschusses führt grundsätzlich unsere Nationalmannschaft an. Er hat durch seinen VIP-Status Zugang zu allen Bereichen der Stadien. Aber genau er soll es sein, der dafür sorgt, dass die *muti medicine* der *witchdoctors* unentdeckt in die Umkleidekabine unserer Nationalmannschaft gelangt. Ich erzähle euch nur folgendes Beispiel: Ich habe die Nationalmannschaft Swasilands bei einem Auswärtsspiel gegen Namibia begleitet. Dort wurde unserem Direktor, der als Befürworter der Traditionen und auch der *muti medicine* gilt, von einem COSAFA-Offiziellen (Council of Southern African Football Associations) der Zutritt zum Stadion verweigert, denn man erkannte ihn als denjenigen, der für gewöhnlich die magischen Mittel der Swasi-Nationalmannschaft ins Stadion schafft. Das war eine schwerwiegende Sache, denn als VIP und Chef der Delegation ist er eigentlich berechtigt, sich in den Kabinengängen aufzuhalten. Aber er benutzte seinen Status, um diese Substanzen ins Stadion zu bringen. Falls wirklich einmal jemand fragen sollte, was in den Kanistern enthalten ist, die in die Kabine gebracht werden, lautet die Antwort normalerweise «heiliges Wasser», um die Mannschaft spirituell zu reinigen. Sehen Sie, auch Journalisten begegnet man mit großer Skepsis und Misstrauen. Bei einigen besteht die Ansicht, dass die Journalisten mit bestimmten Clubs sympathisieren, dass sie ihnen ebenfalls das Zeug *(muti medicine)* in die Stadien schmuggeln helfen. Mag sein, dass es tatsächlich Journalisten gibt, die das tun, aber es ist schlecht für unseren Fußball, so viel steht fest. Die Vertreter des nationalen Fußballverbandes versuchen den Mannschaften die Freiheit zu lassen, die Rituale durchzuführen, die sie für notwendig halten. Aber der Verband und auch die Regierung haben es schlicht versäumt, eine eindeutige Regelung zum Einsatz magischer Mittel und zur Durchführung traditioneller Rituale zu erlassen. Und das hat ganz einfach damit zu tun, dass die meisten von denen nämlich selbst an die Macht dieser Methoden glauben!

Es existiert ja nicht nur bei uns in Swasiland der Glaube, dass man als Mannschaft große Vorteile hat, wenn man in Harmonie mit den Geistern der Ahnen spielt, die dich immer begleiten, was immer du auf der Erde tust. Du wirst nicht nur im Fußball die Oberhand über den Gegner behalten, solange du ihnen Respekt erweist und dich um ihre Gunst bemühst. Und um ihnen Respekt zu erweisen, braucht man einen spirituellen Ratgeber, einen traditionellen Heiler oder *witchdoctor* und seine Medizin.

Bei einem anderen Auswärtsspiel waren wir in einem Hotel in Simbabwe untergebracht. Spät in der Nacht wurden plötzlich alle Spieler vom Manager geweckt und nach draußen geschickt. Sie begannen, sich mit einer ziemlich übel riechenden, öligen Flüssigkeit aus einem Bottich abzuwaschen, in der ein paar Kräuter und Blätter schwammen; anschließend mussten sie zusätzlich eine Art magischen Trank zu sich nehmen, der sie von allen schlechten Einflüssen innerlich reinigen sollte. Meistens wird danach gesungen und getanzt, die Gemeinschaft beschworen und der Sieg am nächsten Tag herbeigerufen. Ein paar der Spieler erbrachen sich, was aber nicht als schlechtes Zeichen gewertet wurde – im Gegenteil: «Das Schlechte kommt aus ihnen heraus», zeigte sich der *witchdoctor* zufrieden über die schnelle Wirkung seines Gebräus. Einer der Spieler wurde über Nacht allerdings so krank, dass er nicht nur das Spiel verpasste, sondern sogar zur Behandlung in ein Krankenhaus gebracht werden musste.

Wenn ich mich recht erinnere, haben die «Königsschilder» (Spitzname der Swasi-Mannschaft: «Sihlangu Semnikati») das Auswärtsspiel gegen die Warriors in Simbabwe trotzdem gewonnen. Ob die Mannschaft einfach nur überzeugend spielte oder ob das Ritual und die «Medizin» für den Sieg verantwortlich sind, kann anschließend natürlich keiner ernsthaft nachweisen. Den meisten Spielern ist es egal. Sie werden sich jedenfalls beim nächsten Spiel erinnern, dass sie beim letzten Mal eine solche Zeremonie durchgeführt haben, und nicht wenige sind bereit, den Sieg diesem magischen Ritual und der Behandlung durch den *witchdoctor* zuzuschreiben. Dass das Management einen ähnlichen Zusammenhang herstellt, ist ziemlich häufig. Dass der *witchdoctor* den Sieg ausschließlich seiner Kraft und Macht zurechnet, ist ebenfalls klar. Es gab damals übrigens nur einen einzigen Spieler, der sich weigerte, an der Mannschaftszeremonie teilzunehmen. Er galt fortan als Fremdkörper im Team und wurde bei Spielen der Nationalmannschaft nicht mehr berücksichtigt.»

Traditionen im Fußball

«Die Spieler in Swasiland sind ja nicht alle sofort Nationalspieler. Viele kommen hier bei uns aus ländlichen Regionen, kommen aus einem Elternhaus, in dem sie mit Landwirtschaft oder Viehzucht groß geworden sind. Sie wachsen dort also mit bestimmten Traditionen auf; sie sind mit traditioneller Medizin und bestimmten Ritualen von Kindesbeinen an vertraut», berichtete der Sportjournalist Swasi Dlamini weiter. «Nehmen Sie einen gewöhnlichen Jungen, dessen Vater Viehzüchter ist. Ab einem gewissen Alter, etwa mit acht oder zehn Jahren, wird er als Hirtenjunge das Vieh seiner Familie auf die Weide treiben müssen; das gehört von nun an zu seinen Aufgaben als männlicher Nachkomme eines Viehzüchters. Es gibt ein traditionelles Ritual, das man hier bei uns «Kucinisa» nennt; dieses Ritual, das mit Fußball erst einmal gar nichts zu tun hat, wird er als Hirtenjunge für gewöhnlich erleben.

Ein traditioneller Heiler wird dieses Ritual im Kreis der Verwandten feierlich durchführen – wahrscheinlich einer, der der gesamten Familie seit Jahren, vielleicht gar Generationen in vielen entscheidenden Situationen des Lebens wie Geburt, Taufe, Hochzeit oder Tod beisteht und sie berät. Die Beine und Füße des Jungen werden im Verlauf dieser Behandlung vom *witchdoctor* mit dem sehr spitzen Stachel eines Stachelschweins an der Oberfläche geritzt, gerade so stark, dass diese kleinen Schnittwunden zu bluten beginnen. Diese Art, die Wunden mit dem spitzen Stachel eines Stachelschweins zu ritzen, ist die traditionelle Form. Inzwischen sind manche Heiler auch dazu übergegangen, geschliffene Fahrradspeichen zu verwenden oder einfache Rasierklingen.

In die Wunden reibt der traditionelle Heiler eine *muti medicine*, die zum Beispiel ein paar Partikel einer Schlange oder eines Skorpions enthält. Aus traditioneller Sicht ist der Hirtenjunge nun gegen die Schlangenbisse oder Angriffe eines Skorpions geschützt, zumindest auf spiritueller Ebene. Die Herkunft dieses Immunisierungsverfahrens für Hirtenjungen ist einleuchtend, vor allem, wenn man bedenkt, dass es früher kaum Ärzte und so gut wie keine Krankenhäuser gab. Und von der Ausübung dieser Tradition bis zur Behandlung zum Schutz der Fußballerbeine durch einen *witchdoctor* ist es nur noch ein kleiner gedanklicher Schritt. Wenn also das Management des Teams eine solche Zeremonie als Garantie für den Sieg im kommenden Auswärtsspiel anordnet, sind die meisten Spieler mit einem *witchdoctor* und seinen Behandlungsmethoden längst vertraut und haben mit deren Anwendung wahrscheinlich kein Problem.»

«So viele Arten, wie es Möglichkeiten gibt, eine Katze zu töten!»

«Das soll nicht bedeuten, dass alle Spieler der gleichen Meinung sind, wenn du nach den Geistern ihrer Ahnen oder ihrer Einstellung zu *witchcraft* fragst. Die Arten und Anwendungen von *muti medicine* sind so zahlreich, wie es Möglichkeiten gibt, eine Katze zu töten, lautet eines unserer Sprichwörter. Es gibt zum Beispiel Spieler, die heimlich ihren eigenen *witchdoctor* aufsuchen, wenn sie um eine Position innerhalb der Mannschaft kämpfen.

Stell dir vor, du bist Stürmer und musst von der Bank aus jedes Wochenende zusehen, wie dein Teamkamerad ein Tor nach dem anderen erzielt, während du auf der Bank schmorst, nicht mehr eingewechselt wirst und zusehen darfst; das ist ganz sicher kein angenehmer Zustand, wie jeder weiß, der selbst Fußball spielt. Natürlich steht der Sieg der Mannschaft im Vordergrund, ja fein. Aber nach einer gewissen Zeit werden sich andere Gedanken in deinem Kopf breitmachen, das ist doch nur menschlich. Und dann beginnen einige, sich eben Hilfe bei ihrem persönlichen *witchdoctor* zu holen. Wenn du ihn um Rat bittest (und ihn extra bezahlst!), wird er über eine Möglichkeit nachdenken, wie du deine alte Position im Sturm wieder einnehmen kannst. *Muti medicine* funktioniert nur, wenn du selbst fest daran glaubst, sonst wirkt sie nicht. Wer kann schon sagen, ob sich dein Kontrahent im Sturm nicht beim nächsten Spiel den Fuß bricht oder sonst irgendwie krank wird? Und wenn du deinen *witchdoctor* zuvor um Rat gefragt hast, wenn du ihn für die Erfüllung deines Wunsches sogar bezahlt hast, wer kann sagen, ob es zwischen diesen beiden Vorgängen keinen Zusammenhang gibt? Wenn du dafür bezahlt hast, deinen Stammplatz auf diese Weise wiederzubekommen, ist das eine böse Sache – ganz klar, ein Fall von Schadzauber, von Hexerei. Es ist eine Art psychologischer Kriegsführung, denn die *muti medicine* selbst spielt ja nicht auf dem Platz. Aber die meisten Spieler hier glauben, dass diese magischen Tricks funktionieren; sie sind mit bestimmten Traditionen geboren worden und mit ihnen im Alltag aufgewachsen. Wenn sie dann als Fußballer erwachsen sind, werden sie ihren Glauben nicht einfach ändern und damit aufhören. Es gibt Spieler, die würden das Spielfeld ohne Behandlung einer schützenden *muti medicine*, ohne kurze Konsultation ihres *witchdoctors* nicht betreten. Das fängt nicht erst bei den Profis an, sondern schon bei Jugendmannschaften, bei der U 17 und früher. Ich würde sagen, dass der Glaube an den Einfluss unserer Ahnen ein Teil der hiesigen Kultur ist und dass die Macht der *muti medicine* damit zusammenhängt. Es gibt hier bei uns die Vorstellung, dass sich unser König Maswati III. in eine Katze verwandelt und, so verwandelt, überall auftauchen kann. Das sind alles Dinge, die man uns als Kinder erzählt hat; so auch, dass unsere Ahnen unsere Geschicke auf der Erde lenken. Sie führen uns, was immer wir auch hier erleben – Gutes wie Böses. Du musst sie respektieren, sie «zeigen dir den Weg ans Licht»; d.h., ohne sie wirst du keinen Erfolg haben. Sieh dir die Spieler im Stadion in Sambia an: Die stehen während der Nationalhymne niemals mit dem Rücken zu ihren Ahnen. Wenn du dich von ihnen abwendest, ihnen keine Beachtung schenkst, wäre das nicht nur respektlos, du würdest auch kein Spiel mehr gewinnen.»

Swasi Dlamini spielte bei dieser Erwähnung des sambischen Nationalteams auf eine Begebenheit an, die sich vor Jahren in Gabun zugetragen hatte. Bei einem tragischen Flugzeugabsturz (27. April 1993), bei dem eines der beiden Triebwerke in Brand geraten war und der Pilot das zweite daraufhin versehentlich abgestellt hatte, weil er übermüdet war, starben alle 30 Passagiere und die Besatzungsmitglieder. An Bord befanden sich 18 Spieler der sambischen Fußballnationalmannschaft Chipolopolo (Kupferkugeln). Von der Stelle, wo die Mannschaft beerdigt wurde, geht nach Ansicht vieler Fußballer noch immer eine geheimnisvolle Kraft aus. Diesen Ort zu besuchen und die Geister der Ahnen um Beistand für ein bevorstehendes Spiel zu bitten, ist Teil der lokalen Fußballkultur. Daneben existieren allerdings noch eine Reihe von Methoden, eine «Extraportion» Glück an sich zu ziehen.

Einige Spieler tragen während des Spiels ein Band aus einem bestimmten Fell oder aus Schlangenhaut um ihr Handgelenk; das ist nicht verboten. Andere schlafen vor einem wichtigen Spiel in den Bergen, dort wo ihre Ahnen begraben liegen, um ihnen eine Zeitlang näher zu sein, bevor sie am Morgen (dadurch gestärkt) zurückkehren. Sie schlafen dort, und manche Spieler bringen sogar Erde oder Staub aus dieser Gegend mit, geben sie dem traditionellen Heiler oder *teamdoctor*, der eine Medizin daraus braut. Sie nehmen diese Medizin anschließend für die gesamte Mannschaft in die Umkleidekabine mit und besprenkeln sich oder bestimmte Teile der Ausrüstung damit.

In Swasiland, vielleicht in ganz Afrika, sind die Team Manager eigentlich diejenigen, die die *muti men* anheuern; sie sind in aller Regel die Leute, die für die Durchführung der *special projects* verantwortlich sind. Sie suchen auch die Spieler aus, die ihnen für solche Maßnahmen geeignet erscheinen, die die *muti medicine* in bestimmten Situationen auch stellvertretend für die Mannschaft anwenden können. Die Manager sind auch diejenigen, die die Konten des Clubs für diese Vorgänge im Auge behalten. Natürlich werden solche Konten bei offiziellen Abrechnungen nie unter *witchcraft* oder *muti* geführt, sondern sie heißen «medizinische Beratung» oder «Physiotherapie». Ältere Herren und Männer, von denen bekannt ist, dass sie die lokalen Traditionen in Ehren halten und Ritualen gegenüber aufgeschlossen sind, werden von den Managern in die Leitung bestimmter Sub-Committees (Unterorganisationen) berufen, die diese Aufgaben im Club oder dem Team koordinieren und organisieren. Diese Sub-Committees organisieren Reisen nach Mosambik, nach Südafrika, nach Sambia, ja bis nach Malawi. Für diese *special projects* wird eine Menge Geld ausgegeben. Es kommt immer wieder vor, dass Nationalmannschaften oder auch Liga-Teams nicht zu Auswärtsspielen antreten können, da die Gelder für

Reisen zu den *witchdoctors* und ihre Zeremonien ausgegeben wurden. Swasi zeigte mir einen aktuellen Artikel der *Swasi Times*, dessen Überschrift lautete: «Muti Men cash in when the League starts» («Witchdoctors machen große Kasse, wenn die Saison beginnt»).

«Oft wurde berichtet, dass die Kaizer Chiefs hier nach Swasiland kommen und auch die Orlando Pirates; sie sollen angeblich hierher kommen, um sich spirituell zu wappnen, d.h., wenn sie zurück nach Südafrika gehen, um in der dortigen Premier League zu spielen, seien sie fit und bereit zu kämpfen! Aber die Mannschaften hier aus Swasiland gehen rüber nach Mosambik, das ist von hier gerade mal zehn Kilos (Kilometerangabe im südlichen Afrika!) hinter der Grenze und seit neuestem braucht du nicht mal mehr ein Visum. Ich kann nur sagen, dass meine Arbeit als Sportjournalist schon einige Male von den Clubs behindert wurde. Vor allem bei den Derbys. Das ist bei uns nichts anderes, als wenn AC Milan gegen Inter spielt, oder ManU gegen Liverpool. Bei solchen Spielen geht es um mehr als nur das Ergebnis, und deswegen sind die Manager auch bereit, alles für einen Sieg zu tun. Auch außerhalb des Platzes. So erinnere ich mich, als die Mbabane Swallows gegen die Highlanders spielten; da erlaubten die Platzherren uns Journalisten nicht einmal, das Stadion durch den Tunnel zu betreten, da dort die Wände schon mit Salz, dem Fett und dem Blut eines frisch geschlachteten Schweins eingerieben waren. Diese Substanzen sollten den Zauber der Gegner neutralisieren helfen, denn das Salz ist irgendwie ätzend, und vom Fett des Schweins perlt alles ab. Das Blut an der Wand sollte in erster Linie die Spieler schockieren. Das alles ahnen die Mannschaften natürlich schon, wenn sie zum Derby kommen, und treffen ihrerseits Vorkehrungen. Manchmal ziehen sie sich schon im Bus um, sodass sie erst gar keine Umkleidekabine betreten, andere ziehen sich in der Hütte ihres *witchdoctors* um oder versuchen, mit dem Bus bis auf den Platz zu fahren, oder sie klettern über den Zaun und betreten den Platz rückwärts, um den Zauber wieder aufzuheben.

Ich bin hier groß geworden, und ich denke, dass diese Traditionen in Afrika weit verbreitet sind, sie sind ein Teil des Kontinents. Man sollte Rituale und Traditionen lieber nicht einfach unterdrücken, das wäre ein Eingriff in den Fußball und in unser Leben. Solange niemand wirklich zu Schaden kommt, solange die Regeln oder der Ablauf des Spiels nicht gestört und die Zuschauer deswegen gewalttätig werden, solange sie das zu Hause tun oder auch in der Kabine, ohne dass die Außenwelt wirklich weiß, was da genau vor sich geht, solange das keinen tatsächlich beeinträchtigt, sind sie frei, das zu tun, denn es ist Teil ihres Glaubens. Sie sind mit solchen Bräuchen aufgewachsen; es ist ihnen angeboren – ihr eigener persönlicher Glaube. Und seht mal, das Problem beginnt doch bereits viel früher – wenn zum Beispiel ein Team einen gewöhnlichen Eimer Wasser neben das Tor stellt. Wenn dann der Gegner kein Tor erzielt, einfach aus Pech oder Unvermögen, beginnen die Leute, weil sie an *muti* glauben, zu sagen, dass der Eimer Wasser neben dem Tor der Grund dafür sei, dass ihre Mannschaft kein Tor erzielt. Aber im Falle solcher Ereignisse hier in Swasiland muss ich sagen, dass es der nationale Fußballverband bisher leider schlicht versäumt hat, eine offizielle Regelung durchzusetzen und die Situation vielleicht zu entschärfen. Das liegt vermutlich daran, dass sie selbst daran glauben! Wir Journalisten haben schon oft versucht, in dieser Sache die Initiative zu ergreifen, aktiv zu werden, denn es ist doch erschreckend, wenn ein Team komplett umgezogen aus dem Bus steigen muss und dann direkt auf das Spielfeld geht, weil die Spieler Angst vor *muti*-Zauber in ihrer Umkleidekabine haben. Sehen Sie, das gibt uns ein Dritte-Welt-Image, was nicht gut ist. Ich glaube, der Verband versucht, den Mannschaften die Freiheit zu lassen, die Rituale, die sie für richtig halten, auch durchzuführen, aber sie haben es versäumt, eine eindeutige Position in dieser Frage einzunehmen.

Und eines ist doch auch klar: Sie finden solche Rituale und Traditionen nicht nur bei uns in Swasiland, das gibt's in Afrika vom

«Keller bis zum Dach», von Stadtteilmannschaften bis zum Nationalteam. Warum fragst du nicht einfach ein paar Spieler der Green Mambas, die kennen sich damit auch gut aus.» Ein Ratschlag, dem ich nur allzu gern folgte.

Green Mambas FC

Die Green Mambas sind in mancherlei Hinsicht ein außergewöhnlicher Fußballclub. 1987 in Simunye, nahe der Grenze zu Mosambik gegründet, genießen sie in ihrer Heimat vielleicht noch etwas mehr Gunst und Aufmerksamkeit der Zuschauer als ihre Erzrivalen, die Mbabane Highlanders – einer der Hauptstadtclubs des kleinen Königreiches Swasiland. Der damalige Manager der Highlanders, Francis Banda, stammt eigentlich aus Sambia. Der ruhige, aber durchsetzungsstarke Trainer sammelte eine Menge Erfahrung in erfolgreichen Clubs und war als Trainer auch für die Green Mambas verantwortlich. Zwischen 2001 und 2005 dominierten sie unter seiner Führung die Swazi Premier League und wurden nicht weniger als fünfmal nationaler Meister. Im Herbst 2005 trafen wir ihn und sein Team beim Training, baten ihn um seine Einschätzung zu Traditionen, Hexerei und Magie im Fußball. Seine gelassene Haltung wie auch seine komplexe Sichtweise der Dinge machten Coach Banda zu einem interessanten und ausgesprochen glaubwürdigen Gesprächspartner. Während die Mambas im Hintergrund trainierten, erläuterte uns Francis, was die Mannschaft außer ihrem sportlichen Erfolg auszeichnet:

«Die Green Mambas spielen in der Premier League von Swasiland und unterstehen als Mannschaft der Gefängnisverwaltung des Landes. Die Mannschaft setzt sich zusammen aus Häftlingen und ihren Wärtern in der Haftanstalt. Unsere Aufgabe ist es, die Strafgefangenen wieder in die Gesellschaft zu integrieren, und dazu müssen wir uns mit ihnen beschäftigen. Es herrscht eine freundliche Atmosphäre zwischen Wärtern und Häftlingen, keine Animosität. Die Häftlinge kennen die Officers gut, denn sie arbeiten und trainieren die ganze Zeit mit ihnen zusammen. Man muss dazu sagen, dass diese Häftlinge keine Schwerverbrecher sind. Es sind Kleinkriminelle, die auf die eine oder andere Weise mit dem Gesetz in Konflikt geraten sind, aber keine schweren Straftaten begangen haben. Wir haben bei dieser Art der Zusammenarbeit feststellen können, dass Fußball ein sehr gutes Vehikel ist, das für alle Teile unserer Gesellschaft große Vorteile bringt. Nachdem die Häftlinge ihre Strafe abgesessen haben, werden sie bessere Menschen sein als zuvor. Fußball ist für unsere Zusammenarbeit sehr nützlich. Was den Glauben und die Traditionen anbelangt, so trifft man bei den Spielern, ganz gleich, ob sie Gefangene oder Wärter sind, auf ganz unterschiedliche Vorstellungen. Nun, wir sind hier in Afrika, die Leute praktizieren unterschiedliche Glaubensrichtungen und Religionen. Es gibt bei uns Spieler, die bestimmte Substanzen auf ihre Schuhe sprenkeln, denn sie glauben fest daran, dass sie dadurch besser spielen. Du kannst sie davon nicht abhalten, es geht nicht. Christen glauben an ihren Gott, auch sie kannst du von ihrem Glauben nicht abbringen, und vergleichbar ist hier der Glaube einiger an die Kraft von *muti medicine*, denn diese erhöht vielleicht die Chancen auf den Sieg. Es kommt einfach auf die Leute an, auf jeden einzelnen Spieler. Ich habe schon drei bekannte Mannschaften hier in Swasiland trainiert, und in jeder gab es einige Spieler, die daran glaubten, wenn sie bestimmte magische Substanzen in Wasser auflösen und sie dem Gegner vor die Umkleidekabine sprenkeln, dass diese, wenn sie darübersteigen müssen, um in die Kabine zu gelangen, dadurch geschwächt werden!

Ich sage ihnen im Training immer, lasst uns lieber auf dem Platz hart arbeiten, um gute Ergebnisse zu erzielen. Aber nun ja, was soll ich sagen, diese Dinge wirken eben auf psychologischer Ebene. Sie wirken in den Köpfen der Spieler. Einige von ihnen werden nie ohne diese Mittel, die angeblich magische Kräfte verleihen, spielen können. Sie haben zu einem frühen Zeitpunkt ihrer Karriere, wahrscheinlich schon in ihrer Kindheit, vor einem Spiel einen *witchdoc-*

tor besucht, der ihnen irgendwas verkauft hat. Und dann haben sie das Spiel auch tatsächlich gewonnen. Deshalb sagen sie sich: Hey, ohne *muti* kann ich nicht gewinnen. Ganz gleich, ob diese Substanz irgendeine Wirkung auf deinen Körper hat oder nicht – deine Psyche wurde gestärkt, und darauf kommt es vielen an. Du hast einfach *alles* unternommen, um zu gewinnen.

Ich als Trainer würde am liebsten einen der *witchdoctors* öffentlich zu mir bitten und ihm sagen: Wenn deine Substanzen tatsächlich etwas bewirken, dann bring das Zeug zu uns in die Kabine und sag uns: Nummer soundso schießt in der 17. Minute ein Tor! Und in der 20. Minute fällt gleich noch eins. Wenn das geschieht, dann glaube ich das alles, aber so … Natürlich wird das niemals geschehen, denn so läuft das hier nicht. Ich selbst bin zwar Katholik, aber ich kann die Spieler nicht an ihrem Glauben hindern. Nein, denn diese Spieler kommen auch manchmal zu mir und sagen: «Coach, du bist in der falschen Kirche.» Ich denke nicht, dass das der Fall ist, aber so ähnlich ist es mit dem Glauben an *muti*: Wenn einige Spieler so fest daran glauben, und es hilft ihnen, dann lass sie – warum nicht? Ich denke, es ist viel aussichtsreicher, wenn wir die Leute hier langsam erziehen: Okay, einverstanden, benutze diese *muti*, aber Tatsache bleibt doch, dass du mit ihr auch keine positiven Resultate garantieren kannst. Man kann weder im Fußball noch sonstwo im Leben die Wirkung der *muti* auf das Ergebnis garantieren. Also, warum das alles nicht so selten wie möglich anwenden oder ganz weglassen und nachsehen, was dann passiert? Es gibt ein Bedürfnis bei den Spielern, die nicht an die Wirkung glauben, und da muss man ansetzen. Ich versuche den Leuten klarzumachen, dass Hexerei nicht wirkt, indem sie ihre Erfahrungen damit machen.»

Während wir uns unterhielten, absolvierten die Spieler der Green Mambas im Hintergrund ein Bauchmuskel- und Herz-Kreislauf-Ausdauertraining, an dem selbst Felix Magath seine helle Freude gehabt hätte: Immer paarweise sitzen sich jeweils zwei Mambas mit ausgestreckten Beinen gegenüber, sodass sich ihre Fußsohlen berühren. Einer fasst, auf dem Rücken liegend, mit ausgestreckten Armen den Ball, der zu Beginn der Übung hinter seinem Kopf liegt. Er schnellt mit ihm nach vorne, übergibt ihn an seinen Trainingspartner, der ebenfalls mit ausgestreckten Armen den Ball erwartet. Dieser übernimmt den Ball, legt ihn nun seinerseits hinter seinem Kopf kurz ab und beginnt die Übung erneut in der Gegenrichtung.

Während Francis' ausführlicher Antwort zählte ich die Situps der Spieler im Rahmen dieser Übung aus dem Augenwinkel mit, hörte aber bei knapp 60 Wiederholungen auf. Sehr schnelle und präzise Bewegungen der Spieler. Wie elastische Stahlfedern schnellten sie mit dem Ball scheinbar ohne Mühe nach vorne und zurück. Das Training sah ein wenig aus wie bei einem Drill-Sergeant der US-Army, nur ohne Geschrei. «Ja klar, wir arbeiten hier sehr gut zusammen, keine Probleme», sagte Francis grinsend. Als er auf seine Heimat Sambia zu sprechen kommt, sind die Mambas im Hintergrund schon bei der nächsten Übung: Auf dem Rücken liegend, werden die gestreckten Arme und Beine gleichzeitig und parallel zueinander nach oben geführt, sogenannte «Klappmesser». Auch die führen sie in wahrhaft beeindruckender Geschwindigkeit, Präzision und Anzahl aus. Sofort danach stehen sie ohne jegliches Zeichen einer Anstrengung auf: flache Atmung, jeder dribbelt mit dem Ball am Fuß über den Platz, so als wäre in den vergangenen 20 Minuten nichts geschehen, keiner schwitzt wirklich.

«Auch in meiner Heimat Sambia ist Hexerei im Fußball ein Thema, oh ja! In Sambia existiert genau der gleiche Glaube; das gibt es in fast allen afrikanischen Nationen, sie können nicht ohne spielen – ob Südafrika oder Swasiland, Sambia und Malawi genauso; in all diesen Ländern sind diese magischen Mittel bekannt. Aber ich sage meinen Jungs immer: Lasst uns doch die Ergebnisse ansehen – wo sind wir in den FIFA-Rankings? Sie werden uns weit hinten finden, und einige dieser Rituale hängen direkt damit zusammen: Anstatt uns vor dem Spiel ordentlich aufzuwärmen, sind wir mit dieser Zauberei beschäftigt. Und wenn die Spieler zu spielen beginnen, sind sie nicht richtig aufgewärmt, so gewinnt man kein Spiel! Denn bevor du aufläufst, musst du dich aufwärmen. Und dich direkt vor dem Spiel mit Hexerei zu beschäftigen statt mit Aufwärmarbeit, ist nur *ein* Nachteil traditioneller Zeremonien. Ich schlage vor, du fragst diese Spieler der Green Mambas hier. Diese Jungs sind sehr offen und bereit, mit euch darüber zu reden. Sie können sagen, was sie wollen, es wird ihnen nichts geschehen. Ich habe meiner Mannschaft vorher schon berichtet, dass ihr aus Deutschland kommt und hier so eine Art Untersuchung zu Fußball und magischen Ritualen macht. Sie wollten von mir wissen, wie die Deutschen sind. Und ich habe ihnen geantwortet: «Oh, keine Sorge, Deutsche unterhalten sich gern und trinken dazu viel Bier, die sind in Ordnung ... Verstehen Sie? Nehmen Sie mir das nicht übel, ich will Sie damit nicht beleidigen, die Jungs wollten gerne wissen, wer ihr seid. Sprecht ganz offen mit ihnen, und ihr werdet sehen, ihr werdet keine Probleme haben.»

Coach Francis war nach der Trainingseinheit am Rand des Spielfelds auf Höhe des Anstoßkreises mit seinen Trainingsutensilien beschäftigt, machte sich auf einer Kladde Notizen und packte die Bälle in ein Netz. Er hielt sich offenbar bewusst abseits; die Spieler sollten sich frei und ungezwungen äußern können. Wir saßen mit ihnen nach dem Training mitten auf dem staubigen Platz, während hinter dem Tor die Sonne versank. Zwei Tore aus ehemals weißem Metall, ein staubiger Platz mit vereinzelten Resten eines Rasens, kein Zaun, keine Mauer, nur eine ungeteerte Zufahrtstraße zum Gelände, die vor einem flachen Betonbau endete, davor ein paar Plastikstühle mit kaputten Lehnen. Wenn auf solchen Plätzen einer der Spieler beim Training den Ball ins Tor oder auch am Tor vorbei schießt, läuft er nach dem Schuss gleich weiter und holt den Ball. Hinter der gedachten Auslinie sprießen Büsche und Gräser, sonst ist dort nichts. «Nein, weglaufen würden die Gefangenen hier selten – soll erst ein paar Mal vorgekommen sein. Nach spätestens ein, zwei Tagen haben sie Hunger und kommen zurück. Wohin sollten sie hier auch laufen?», bemerkte Coach Francis noch, bevor er uns mit den Green Mambas allein ließ.

«Die Weißen kommen hierher und fragen nach Dingen, die sie nichts angehen. Vielleicht machen sie sich noch über unsere Rituale lustig und halten die Leute hier für Wilde, die in stinkenden Fellen herumlaufen.» Waren es solche und ähnliche Gedanken, die die Spieler beschäftigten, während sie uns interessiert, aber misstrauisch musterten? Wie vor Interviews «on camera» üblich, stellte ich uns erst einmal vor: Helmut Fischer, den Kameramann, sowie Niko Klag und Tim Reichert, die beiden Kameraassistenten und Verantwortlichen für den Ton, und mich selbst. Ich erzählte den Spielern, dass wir versuchen, diese Zusammenhänge um Fußball und Magie zu begreifen, dass wir uns auf den Besuch bei den Mambas intensiv vorbereitet hätten und auch in weiteren Ländern Afrikas drehen würden. Wir kämen hierher, hätten zwei Ohren am Kopf, aber nur einen Mund! Wir wären gekommen, um zu lernen und nicht, um die Rituale zu verurteilen. Wir hätten nichts gegen Magie, bräuchten aber die Einschätzung afrikanischer Fußballer, um zu verstehen ... (Während er die Tonausrüstung vorbereitete und die Kamera einrichtete, raunte mir Niko Klag zu, dass die Sonne gleich weg sei. Wenn ich die Vorstellungsrunde nicht abkürzen würde, dann könnten wir ein Interview hier draußen vergessen. Ich solle mich also beeilen.) ... schließlich hätten wir in Deutschland eine Mannschaft, deren Maskottchen ein Geißbock sei, der bei erzielten Toren immer hochspringt. Das hatte der Trainer/CAF-Offizielle Benjamine Koufie aus Ghana selbst gesehen, als er 1964 seinen Trainerschein an der Sporthochschule in Köln-Müngersdorf ablegte!

Einer der Mambas musste über die Geschichte mit dem Geißbock lachen und spuckte gekonnt durch eine Schneidezahnlücke ins Gras neben sich. Ich begann in die Runde zu fragen, ohne zu wissen, ob überhaupt einer und wer gegebenenfalls antworten würde. (Sowohl für den Kameramann als auch die Tonabteilung waren das ziemlich schlechte Voraussetzungen!)

«Was ist für euch Fußballer wichtig, um erfolgreich spielen zu können?»

«Für mich ist die Kombination aus körperlicher Fitness und den taktischen Anweisungen des Trainers das Wichtigste», sagte ein großer, sehniger Verteidiger mit schwarzer Wollmütze. Ob es ein Häftling war, wussten wir nicht.

«Wer von euch würde gerne in die Premier League ins benachbarte Südafrika oder nach Europa wechseln?»

«Ich sollte diese Frage den jüngeren Stars überlassen», antwortete die schwarze Wollmütze hinten rechts erneut. Allgemeines Gelächter, die Atmosphäre entspannte sich.

Daraufhin ergriff die Zahnlücke wieder das Wort:

«Sehen Sie, wir hier in Swasiland glauben an die Bedeutung unserer Ahnen. Wir glauben daran, dass sie unser Leben beeinflussen; es ist eine der hiesigen Religionen, wir können vor dieser Erkenntnis nicht davonlaufen, es ist eine Tatsache. Unsere Entwicklung hängt davon ab, welche Richtung es nimmt.» Er deutete mit den Händen in zwei verschiedene Richtungen. «Hier ist der christliche Glaube und hier der Glaube an *muti*, verstehen Sie? Es kommt auf dich selbst an, du triffst deine eigene Entscheidung, was immer du willst.» Ein paar der Spieler lachen verlegen, weil der Spieler so engagiert und gestenreich antwortete; das Thema schien ihn selbst zu bewegen, doch er ließ sich von seinen Teamkameraden nicht beirren und fuhr selbstbewusst in seinen Ausführungen fort:

«In Swasiland ist es so: Wenn dein Gegner geschwächt oder zerstört werden soll, gehst du einfach zu «bestimmten Leuten» *(witchdoctors)*, sprichst mit ihnen, was geschehen soll und in welchem Spiel. Sie werden dann mit magischen Mitteln bestimmte Rituale veranlassen. Sie werden das für dich tun. Und sie wollen dafür natürlich auch bezahlt werden!» Der Torhüter der Green Mambas fügte hinzu: «Wenn du das Spielfeld betrittst, spürst du die Kraft, die von der Person ausgeht, die dieses Mittel gegen dich benutzt. Du kannst die Leute, die das veranstalten, zwar nicht sehen, aber du spürst es, sobald du den Platz betrittst, dass da etwas ist, ja sicher! Wenn wir zum Beispiel ein Auswärtsspiel haben, kümmern sich unsere Manager darum. Sie sorgen für unseren spirituellen Schutz, bevor wir zum Spiel fahren. Manchmal sprenkeln sie die *muti* auf den Platz, oder wir nehmen ein kleines Bad in einer Substanz, solche Sachen eben. Wenn wir in unsere Umkleidekabine kommen, bringen sie große Behälter rein oder so was, schütten «heiliges Wasser» rein, und dann einige Zutaten, was immer sie haben. Es ist *muti*, eine Wurzel oder so, alles Mögliche, wir wissen nicht genau, was das für ein Zeug ist. Sie geben es uns einfach, und wir benutzen es dann. Einige von uns haben sich schon mal geweigert dabei mitzumachen, aber das war keine gute Idee. Es entsteht sogar ein ziemlicher Druck für uns, denn wenn wir das Zeug nicht nehmen, und wir verlieren das Spiel, dreht dir der Manager den Hals rum! Wir selbst würden die Mittel vielleicht nicht benutzen. Ja, wir müssen das nehmen! Ich bin selbst einer von denen, die genau das erlebt haben. Manchmal nahm ich solche Dinge ein, die Mannschaft spielte zu dieser Zeit nicht besonders gut; ich kann nicht sagen, ob die magischen Mittel dafür sorgten oder wir selbst. Ja, es gibt so viele verschiedene Arten für magische Rituale wie traditionelle Heiler; einige haben wir schon erlebt, andere nicht. Einiges wurde uns nur erzählt, und wir können nicht sagen, ob es so geschehen ist oder nicht. Keine Ahnung, was soll ich sagen, ich glaube, dass von diesen Geschichten etwa drei Viertel wahr sind.»

Ermutigt durch die lebhafte Diskussion begannen sich auch jene Spieler einzuschalten, die bislang geschwiegen hatten. Es wurde ein lebhafter Austausch zwischen den Spielern, in deren Verlauf viele unterschiedliche Sichtweisen geäußert wurden. Jeder schien zu diesem Zusammenhang etwas Interessantes beitragen zu können.

«Ich weiß nicht, vielleicht wäre es unfair, die Rituale und *muti* einfach zu verbieten, denn einige der Leute glauben fest an dieses Zeug, und wenn du sie ausgrenzt, suspendierst von diesem Privileg, wie immer man das nennen soll – psychologisch gesehen wäre es für diese Spieler ein großer Verlust. Wenn du wirklich an diese magischen Mittel glaubst und du darfst das nicht ausüben oder anwenden, ‹killt› dich das aus psychologischer Sicht! Du musst auch mental auf ein Spiel vorbereitet sein, und du beginnst negativ zu denken und kannst einfach nicht spielen, wenn dir diese Stärke fehlt.

Ich verstehe andererseits, dass der afrikanische Verband CAF diese Dinge verbieten will, denn sehen Sie sich doch das ganze Chaos an, das diese Hexerei im Fußball Swasilands immer wieder auslöst. Wir haben kaum Geld, keine großen Sponsoren; das bisschen Geld, das da ist, wird für Magier *(Inyangas)* ausgegeben, verstehen Sie? Meiner Meinung nach könnte es uns helfen, solche Praktiken zu stoppen, denn es ist eine große Verschwendung von Geld, Zeit und Energie. Das Ende vom Lied ist doch, dass du nicht die Resultate bekommst, die du möchtest! Aber wir gehen weiter zu diesen Leuten dort, um das Zeug zu kaufen! Manchmal können wir nicht zu Qualifikationsspielen ins Ausland reisen, weil kein Geld mehr da ist. Denn die Manager haben das Geld schon für *muti* und Magier ausgegeben. Du spielst und spielst und spielst! Du gewinnst die Meisterschaft, aber kein Geld! Ohne Motivation stirbt das Spiel. Vielleicht hört man besser auf damit, auch wenn es mal eine Tradition war. Vielleicht sollten junge Spieler – so wie die Jungs hier – mehr auf ihre eigenen Fähigkeiten vertrauen und weniger auf die Kraft und Unterstützung der Ahnen. Vielleicht kommen wir ohne *muti* viel weiter, erreichen wir mehr durch Hingabe und Leidenschaft, Spielfreude, alles, was Fußball eben spannend und aufregend macht; und wir könnten auf diesem Weg unsere Leistung verbessern, statt immer irgendwohin zu gehen, weil du diesen oder jenen zerstören, schädigen oder schwächen willst.»

Diese Ansicht hatte der hagere Verteidiger mit der schwarzen Wollmütze geäußert. Die überlegte Art seiner Argumentation, die ruhige und doch engagierte Form seiner Antwort verfehlte ihre Wirkung nicht und zeigte, dass seine Stimme Gewicht in der Mannschaft hatte.

In einem letzten Anlauf versuchte ich, von den Mambas mehr über die eigentlichen Nutznießer der traditionellen Medizin und der magischen Rituale im Fußball zu erfahren: die traditionellen Heiler. Ich hatte bereits mit einigen Repräsentanten der Dachverbände sprechen können. Einer von ihnen vertrat nach eigener Aussage die Interessen von mehr als 25 000 traditionellen Heilern im südlichen Afrika (Südafrika, Swasiland, Botswana, Simbabwe und Namibia) und war eine respektierte und sehr würdevolle Persönlichkeit. Doch nicht alle Magier gehören den bekannten Organisationen wie etwa der «Traditional Healers Organisation of South Africa» (THOSA) an. Woher kommen sie? Wie kontaktieren sie die Spieler, Manager und Vereine? Die spontane Idee, jetzt endlich ganz unvermittelt über diese geheimnisvollen Männer und Frauen zu sprechen, war jedenfalls nicht sehr glücklich. Sofort wurden die Spieler recht schmallippig, denn traditionelle Heiler wurden und werden in vielen Regionen nicht nur geachtet, sondern sind auch durchaus gefürchtet. Ich hatte schon mehrfach erlebt, dass man ihnen aus dem Weg ging, dass man sogar die Straßenseite wechselte, wenn man sie aus der Entfernung kommen sah. Die spirituellen oder magischen Kräfte, die man ihnen zuschreibt, flößen manchem der Spieler offenbar nicht nur Ehrfurcht ein, sondern auch ganz einfach Furcht. So dankten wir den Green Mambas für ihre bereitwillig gegebenen Auskünfte und verabredeten uns mit Coach Francis Banda für den nächsten Morgen. Geplant war eine Fahrt in die Grenzregion zum Nachbarland Mosambik, um dort einen *witchdoctor* zu treffen, der nicht nur die Mambas eine ganze Saison in Fragen der Magie und spirituellen Verteidigung unterstützt hatte, sondern auch schon viele andere Fußballteams inner- und außerhalb Swasilands.

Die Verwandlung eines mächtigen Magiers

Wir kamen am Mittag des nächsten Tages in Siteki an. Von dieser kleinen Ortschaft aus kann man Mosambik fast sehen. Wir fuhren durch das Dorf auf der ungeteerten Hauptstraße weiter Richtung Osten und gelangten so in eine dünn besiedelte Gegend, in der nur vereinzelte kleine Häuser stehen. Der Magier, den wir suchten, ist hier ein berühmter und wohlhabender Mann. Nur den erfolgreichen und bekannten Vertretern dieses Berufszweiges gelingt es, durch ihre Tätigkeit im Laufe der Jahre zu einigem Wohlstand zu kommen. Unserem gehörten vier in der Umgebung verstreut liegende Gebäude: zwei traditionelle Hütten und zwei einfache, flache Häuser, bestehend aus ein oder zwei Räumen; außerdem war er Besitzer einer stattlichen Viehherde. Wir fragten ein paar Leute auf der Straße, wo wir ihn finden könnten, und erhielten die erstaunliche Antwort, er könne hier überall sein! Gemeint war natürlich, er könne in jeder seiner Behausungen übernachtet haben, denn er unterhält in jeder Hütte einen kompletten Haushalt mit jeweils einer seiner vier Frauen. Nachdem wir mit Francis zwei seiner Häuser erfolglos aufgesucht hatten, fanden wir ihn schließlich vor dem dritten. Er saß vor einem hellen Flachbau gegenüber einer Weide, auf der seine 70 Rinder und ein paar Ziegen grasten. Sein mintgrünes 80er-Jahre-Datsun-Coupé stand ebenfalls dort und diente den Hühnern als Sitzplatz. Abends fuhren zehn oder zwölf Jungen mit dem Wagen über die Weide und trieben das Vieh in einen Pferch oder Kraal.

Der gesuchte Hexenmeister schien gut gelaunt und war mit dem Verdauen einer offenbar opulenten Mahlzeit beschäftigt, die er erst vor kurzem beendet haben konnte. Mehrfach erzitterte sein gewaltiger Leib unter heftigem Schluckauf. Zufrieden kaute er auf einem Zahnstocher herum und reinigte sich intensiv die Backenzähne, während er Coach Francis und uns freundlich begrüßte. Hier vor dem Haus sollten wir warten, er sei gleich bereit.

Als er tatsächlich nur wenige Augenblicke später zurückkam, hatte er sein Äußeres zu unserem großen Erstaunen ziemlich verändert. Seine Alltagskleidung – eine beigefarbene Hose und ein grellbuntes Hemd – waren einer bemerkenswerten Arbeitskleidung und ungewöhnlichen Insignien gewichen. Nur wenige Handgriffe waren offenbar für diese schnelle, aber absolut eindrucksvolle Verwandlung nötig. Uns dämmerte, dass so jemand bei den Leuten der Gegend Furcht erwecken konnte. Den Magier, der kaum 40 Jahre alt war, konnte man angesichts seiner Körpergröße von gut 1,90 Meter und seinem imposanten Leibesumfang guten Gewissens als stattlich bezeichnen. Sein kahler Kopf saß auf einem fleischigen Hals. Hände und Füße waren ziemlich groß, wirkten aber wegen der dicken Speckschicht unter der makellos glatten Haut irgendwie patschig-gemütlich.

Nach seinem Garderobenwechsel trug er ein riesiges, leuchtend purpurrotes Cape, ein langes Gewand mit weiten Ärmeln, das fast seine Fußknöchel berührte. Dieses respekteinflößende Kleidungsstück, das ein wenig an einen Lordrichter der englischen Krone erinnerte und für einen kurzen Moment das britische Empire vor unserem geistigen Auge heraufbeschwor, verlieh dem Magier sehr viel Würde. Der Saum der Robe war mit einer kunstvollen weißgoldenen Borte verziert, die um den Hals ein akkurates Rechteck als Kragen bildete. Seinen Kopf schmückte allerdings keine graue oder weiß gepuderte Perücke, sondern ein breites Brokatband, das über der Stirn in einer steil aufragenden Spitze endete und wohl eine Art Diadem darstellen sollte – in gleicher Farbkombination und ähnlichem Design wie der purpurrote Umhang. Diese verwegene Kopfbedeckung erinnerte mich an die Diademe spätantiker Kaiser. Vervollständigt wurde die Ausrüstung durch eine mächtige Lanze bzw. einen Zulu-Speer mit hellem Holzschaft und einer gut 20 Zentimeter langen Stahlspitze. Was auch immer ein Betrachter in ihm zu erkennen glaubte – die optische Verwandlung des Magiers war ohne Zweifel erstaunlich.

Durch die Nasenlöcher geräuschvoll ein- und ausschnaufend schritt er an uns vorbei auf den hellen Flachbau zu. Wir sollten die Schuhe ausziehen und in seinen Behandlungsraum kommen. In diesem rechteckigen Raum ohne Möbel befand sich an der rechten

Wand ein Fenster. Ein roter und ein weißer bodenlanger Vorhang verhinderten den direkten Lichteinfall und schützten zugleich vor unerwünschten Blicken von außen in den Raum. Der Vorhang schuf zudem einen schmalen Zwischenraum zwischen der Wand mit dem Fenster und dem Vorhang, den nur der Magier einsehen konnte.

Konsultation und Behandlung eines *witchdoctor* und die eines westeuropäischen Arztes verlaufen in einem völlig unterschied-

Ein mächtiger Magier – der witchdoctor *des Green Mamba FC, Swasiland, November 2005.*

lichen Modus: Der traditionelle Heiler fragt den Patienten also nicht «Was fehlt ihnen denn?» oder (im konkreten Fall wohl besser) «Wo drückt denn der Fußballschuh?» Dessen Antwort wäre unzweifelhaft: «Woher soll ich das wissen? Bist DU der Arzt oder ich?» Die hiesigen Patienten erwarten vielmehr, dass der traditionelle Heiler ihnen sagt, was die tatsächliche Ursache ihres Problems ist. Und zwar beim Betreten des Raumes: Habe ich mir ein Bein gebrochen, weil ich einen einfachen Unfall hatte? Oder hat der Nachbar, dem ich meine Tochter nicht zur Frau geben wollte, mit Hilfe eines Hexenmeisters Rache genommen und dafür gesorgt, dass ich mir das Bein breche? Und das Ganze nur wie einen Unfall aussehen lassen? Was ist die wirkliche Ursache meines Problems?»

Da wir in Begleitung von Coach Banda waren, war es ziemlich wahrscheinlich, dass wir irgendetwas mit Fußball zu tun hatten. Der Magier saß auf dem Boden mit dem Rücken an die Wand gelehnt, die Beine vor sich gespreizt, sodass seine rechte Hand jederzeit mühelos hinter dem Vorhang verschwinden konnte, um die Gegenstände hervorzuholen, die er zum Wahrsagen, Heilen und Hexen benötigte. Der Speer lehnt griffbereit links von ihm an der Wand. Vor ihm standen viele verschiedene bauchige Flaschen und Gläser, gefüllt mit dem üblichen Inhalt aus allerlei Tier- und Pflanzenteilen. Aus drei der großen Flaschen ragten dunkle, schöne Hörner von Antilopen. An der Wand mit Fenster hing noch ein ganz besonderes Utensil: der *magic mirror*, ein nur für uns Laien gewöhnlicher rechteckiger, rahmenloser Spiegel; im Übrigen war der Raum leer.

Wir bräuchten ihm nichts zu sagen! Seine rechte Hand würde bereits jucken, das sei ein aus seiner Sicht untrügliches und ausgesprochen gutes Zeichen. Wir sollten ihm unser Geld geben; «Gogo» hätte ihm bereits mitgeteilt, dass wir kommen würden. Er wisse auch schon, was wir von ihm wollten, wir müssten ihn nur noch bezahlen, dann könne die Beratung beginnen. Sein Oberkörper und der Kopf verschwanden für einen Augenblick hinter dem Vorhang. Er kramte für Sekunden dort herum, tauchte dann mit einem Papierblock wieder auf: Na klar könne er uns sagen, was uns eine Beratung kosten würde.

Mit seiner dicken Hand strich er etwas von einem dunklen Pulver, vermutlich Graphit eines Bleistifts, sanft raschelnd über das Papier hin und her. Vor unseren Augen erscheinen auf dem Block zuerst eine Zwei, dann eine Sechs und schließlich zwei Nullen: die Ziffer 2600. Ja natürlich, ganz ohne Zweifel, ein Wunder, und zwar das aus unseren Grundschultagen: mit einem stumpfen Gegenstand hatte er wahrscheinlich am Vorabend nach Francis' Anruf die Ziffern, die jetzt «von den Geistern» auf den Block gezaubert wurden, in das Papier gedrückt und nun vor unseren Augen mit Graphit sichtbar gemacht. Seine Großmutter («Gogo» auf Zulu) habe ihm gesagt, das sei der Preis!

Weiße Männer, die sich in diese Gegend verlaufen, sind *permanent donors* («permanente Spender») und werden auch als solche behandelt. Wir versäumten also nicht, «Gogo» beste Grüße durch ihn ausrichten zu lassen und ihr zu danken. Aber 2600 Emalangeni (die Landeswährung Swasilands) erschienen uns doch eine recht sportliche Preisvorstellung für unsere Anfrage (ca. 230,– Euro). Wir seien gekommen, um seine magischen Fähigkeiten zu verstehen und anschließend bei uns bekannt zu machen. Ob er «Gogo» nicht fragen könne, seine Bemühungen als Werbungskosten zu deklarieren. Seine Hand schien erneut ein sehr starkes Signal auszusenden, jedenfalls teilte er uns sinngemäß mit, dass «die Tasche eines Weißen niemals austrockne» («Mzungu's pocket never dries»).

Zwischen Coach Banda und dem Magier kam es daraufhin zu einem knappen Wortwechsel in der lokalen Sprache. Francis hatte wohl Partei für uns «Mzungus» ergriffen, jedenfalls rieb sich der Magier mit der flachen linken über den Rücken der rechten Hand und begann nun, von den Ursprüngen seiner Zauberkräfte in einem merkwürdig näselnd-heiseren Tonfall zu berichten:

«1982 wurde ich von den Geistern meiner Ahnen ausgewählt, traditioneller Heiler und Wahrsager zu werden. Ich war damals gerade mal zwölf Jahre alt und wurde plötzlich sehr krank. Ich hörte auf zu essen, streifte allein durch die Gegend, Tag und Nacht. Irgendwann bin ich hier in der Nähe in einen Fluss gestiegen, eingetaucht und habe dort auf seinem Grund mehr als drei Monate gelebt. Ich traf dort eine Menge Leute, die mir alles beibrachten, die mich in allem ausbildeten, was man in der traditionellen Medizin und Religion wissen muss. Ich begann die Steine auf dem Grund des Flusses zu essen, ich lernte alles über *muti*. Es hat lange gedauert, bis ich wieder essen konnte, aber danach ging es mir besser, und ich ging zurück an Land. Von da an kamen Kunden und Klienten zu mir, jeden Tag. Einer kam zu mir, weil sein Auto weg war. Dem zweiten war ein Stück Vieh gestohlen worden. Ich konnte mit Hilfe des magischen Spiegels und der *muti* sagen, wo die Dinge sind, und konnte den Leuten mit meinen Fähigkeiten helfen, ihre Sachen wiederzufinden. Das war am Anfang. Dann ging ich mehrere Jahre auf Wanderschaft, rüber nach Mosambik, nach Südafrika, überallhin. Heute berate ich nur noch Fußballmannschaften, aber immer nur eine pro Saison. Nicht die Spieler selbst, ich brauche dazu nur den Manager des Clubs. Sie rufen mich an, um mir zu sagen, gegen wen sie spielen werden. Ich kontaktiere «Gogo» und die Geister und frage sie, was man nehmen soll und wie man gewinnen kann. Und dann rufe ich die Manager der «Highlanders» oder der «Green Mambas» an. Ich kann nur ein Team pro Saison beraten, und wer mich zuerst bezahlt, der wird auch gewinnen. Hey, Mann, komm hierher zu mir, und ich zeige dir, wie ihr die Meisterschaft oder den Cup gewinnen werdet! Okay, du kommst zu mir, du gibst mir dein Geld. Du brauchst mir nichts zu sagen. ICH werde DIR sagen, weshalb du hier bist. Ich frage, Hey, «Gogo», diese Leute wollen das Spiel gewinnen, was können sie tun? Okay, welches Team? Green Mambas? Wie hoch willst du gewinnen? 3:0? 3:1? Ein bis zweimal im Monat kommt der Manager zu mir, ich gebe ihm die

Medizin für die Mannschaft mit, es ist immer eine andere, je nachdem, gegen wen ihr spielt.

Ich habe viele verschiedene Mittel, die du auf die Schuhe reiben oder trinken kannst. Auch die Manager wissen nur manchmal, was darin enthalten ist, die Spieler jedenfalls nicht. Sie bekommen sie direkt vor dem Spiel und sollen sie genau so nehmen, wie ich es sage, sonst wirkt es nicht.

Ich kenne die traditionellen Heiler der anderen Mannschaften. Ja, ich kann die Teams auch schwächen, wenn sie besonders starke Spieler haben. Ich werfe geheime Kräuter in meinen magischen Spiegel und kann darin sehen, welche Mittel sie anwenden: Wenn sie *muti* aus einem Pavian herstellen, werde ich wechseln und das Fett eines Löwen benutzen oder das eines Skorpions. Mein Team wird stark sein und das andere schwach. Der gegnerische Torwart zum Beispiel kann nichts dagegen tun. Alle Spieler auf dem Platz sehen nur einen einzigen Ball. Aber der Torwart des Gegners wird zwei sehen, die im Verlauf des Spiels auf ihn zufliegen. Oder einen Ball und einen brennenden Topf, der auf ihn zufliegt, wenn einer schießt. Nur einer davon ist natürlich echt. Der Torhüter wird nach dem falschen Ball springen oder sich vor dem brennenden Topf ducken – und der Ball geht ins Tor! Du kannst den Ball einfach nicht fangen, und er wird ins Tor gehen. Unseren Torhüter werde ich dagegen mit einer Medizin schützen, die er sich in die Handschuhe steckt. Du wirst sehen, dass die Schüsse im Spiel links und rechts an seinem Tor vorbeifliegen werden. Ich benutze Pavian, Affe, Schlange, viele andere Dinge, die ich dir nicht verraten kann.»

Nochmals verschwand sein Kopf hinter dem Vorhang. Von dort kam plötzlich ein Geräusch, als donnere er mit seiner Faust dreimal schnell hintereinander auf einen leeren Koffer oder eine hölzerne Truhe. «Gogo»? Als er den Kopf wieder zurückzog, hielt er sein Ohr an eine kleine Holzkalebasse, als erhalte er genau in diesem Moment einen Anruf aus dem Jenseits. Es folgte eine Art Telefonat mit den Geistern. Er sprach dabei in der lokalen Sprache, schnell und aufgeregt. Während er die Holzkalebasse dicht an sein Ohr hielt, fuchtelte er mit der anderen Hand wild herum, malte Kreise und Wellen in die Luft. Nur die Worte «Green Mambas» und «Highlanders» konnten wir in diesem seltsamen Dialog mit der Geisterwelt ein-, zweimal verstehen. Er unterbrach sich selbst, schien konzentriert auf die Antwort aus dem Jenseits zu lauschen und schaute uns dabei erwartungsvoll an, so als wollte er sagen, jetzt seid doch mal leise, das Jenseits ist dran. Die Antwort von dort spielte er mit einem quietschend-piepsigen Geräusch, das ungefähr so klang, als reinigte man eine Glasscheibe mit einem zu trockenen Fensterleder. Er konnte dieses Geräusch erzeugen, indem er Luft durch die Lippen presste, ohne jede Regung seines Gesichts – großartig. Eine insgesamt sehr beeindruckende Vorstellung, die jedes Theaterpublikum mitgerissen und überzeugt hätte. Zu guter Letzt wuchtete er den massigen Körper vom Boden auf die Beine, ohne das Telefonat mit dem Jenseits zu unterbrechen. Aus einem der Gläser nahm er eine Handvoll Kräuter und warf sie geradewegs mit lässigem Schwung mitten auf den Spiegel an der Wand. Schließlich wischte er mit der blanken Hand kreuz und quer über den *magic mirror*, als verwische er zum Abschluss das Bild, das sich nur ihm, dem Meister selbst, offenbart hatte, und setzte sich wieder auf seinen Platz am Boden. Die Holzkalebasse «Gogo» stellte er wortlos vor sich ab. Er verschränkte die Arme vor seiner Brust, blickte uns in die Augen und sagte, mehr habe er dazu nicht zu sagen.

Westafrika

Aus rein sportlicher Sicht gelten die Nationen Westafrikas längst als wahres «Powerhouse» des afrikanischen Fußballs. Der Olympiasieg Nigerias 1996, erspielt im Finale gegen die Mannschaft Argentiniens, bildet ebenso ein sportgeschichtliches Ausrufezeichen in der Fußballgeschichte dieser Region wie das Olympische Gold Kameruns in Sydney vier Jahre später. Hinzu kommen die erfolgreichen WM-Endrundenteilnahmen der Teams der Elfenbeinküste, Senegals, Togos und Ghanas und nicht zuletzt Kameruns WM-Viertelfinalteilnahme 1990 – all das sind unzweifelbar Belege der dort gepflegten hohen Fußballkünste, die sich vor dem Hintergrund großer Begeisterung und Kennerschaft der Bevölkerung entwickelt haben. Nicht zu vergessen sind die zahlreichen hochdotierten Stars dieser Länder, die seit Jahren in den Fußballtempeln europäischer Topclubs von London, Liverpool, Manchester, Mailand, Rom bis nach Madrid und Barcelona die Gegenspieler und das Publikum allein durch ihr Ausnahmekönnen im Sinne des Wortes spielend «begeistern» und «verzaubern».

Wie passt dieses entwickelte Profitum zu den vielen Berichten, Geschichten und Gerüchten, die um Zauberei im Fußball dieser Länder kursieren? Immer wieder berichten Zeitungen von wundersamen Magiern, Zauberern und spirituellen Ratgebern, die mit allerlei Tieropfern, Flüchen und Segnungen die Resultate von Spielen beeinflussen könnten.

Mehrfach hatten uns afrikanische Trainer, Spieler und Manager beteuert, dass nicht allein bei süd- oder ostafrikanischen Teams *special projects (magic rituals)* eine ganz selbstverständliche Sache seien. Westafrikanische Teams setzten zu Hause und natürlich auch auswärts stets ihre magischen Mittel ein. Und die beteiligten Experten (französisch «Fetisheur» oder «Câbleurs») seien zumindest auf afrikanischem Boden mächtig und gefürchtet. So hatte es uns auch wenig überrascht, als in einer ghanaischen Sportzeitung das Interview eines Mannes erschien, der im benachbarten Togo der Hüter eines heiligen Schreins ist. Kodjo Djifan – in Togos Hauptstadt Lomé jedermann unter dem Namen Mâitre Polo bekannt – ist eigenem Bekunden nach Professor für Judo und Karate, international anerkannter Schiedsrichter, Trainer der Damenfußballmannschaft bei den *All African Games* von 2003 in Nigeria sowie Inhaber des Plaisir Judo Clubs in Lomé. Doch trug er noch einen weiteren Titel: «König des Voodoo» war zwar nur seine inoffizielle Bezeichnung, doch Mâitre Polo scheint nichts gegen diese Würdigung zu haben: «Ja sicher, schon viele Clubs und Nationalmannschaften sind zu meinem Schrein gekommen, um bestimmte Götter anzubeten und anschließend Zeuge ihrer großartigen Fähigkeiten zu werden. Spirituelle Praktiken wie Voodoo oder *juju*, wie es manche auch nennen, haben einiges gemeinsam. Es nutzt aber gar nichts, wenn du nicht zusätzlich hart trainierst», so der König im Interview. «Wenn du dich als Boxer oder Fußballer bloß hinsetzt und wartest, dass *juju* oder Voodoo schon für die richtigen Ergebnisse sorgen, wirst du gar nichts erreichen! Ein untalentierter, übergewichtiger Spieler wird nicht allein durch den Einsatz von Zauberei zum Torschützenkönig und ein erstklassiger Stürmer!»

Bereits sich der Anwendung magischer Mittel auch nur verdächtig zu machen, kann bisweilen schmerzhafte Folgen haben. Eines der bekannt gewordenen Beispiele der jüngeren Vergangenheit ist das des früheren Torwarttrainers und jetzigen Trainers von Kamerun: Am 7. Februar 2002, 19.00 Uhr Ortszeit, kurz vor Spielbeginn, betrat Kameruns Assistenztrainer Thomas Nkomo die Laufbahn des Stadions in Malis Hauptstadt Bamako. Gastgeber Mali traf dort im Halbfinale des Africa Cups auf die Nationalmannschaft Kameruns, die «unbezähmbaren Löwen» – so ihr Kampfname. Trainiert, aber kaum gebändigt, wurden diese Löwen seinerzeit von einem gewissen Winfried Schäfer aus Karlsruhe, laut englischer Presse der «am wenigsten afrikanisch aussehende Mensch der Welt», den aber viele von uns als großen Sympathieträger des deutschen Fußballs kennen. Als sein Assistenztrainer Thomas Nkomo an der Linie mit einem seiner Spieler sprechen wollte, wurde er plötzlich vor den Augen tausender Stadionbesucher von acht bis zwölf – die Angaben schwanken – malischen Polizisten am Spielfeldrand überwältigt, auf den Boden gedrückt und in Handschellen vom Platz geführt. In seiner Tasche sollen angeblich magische Mittel gewesen sein, die er auf das Spielfeld habe streuen wollte, um Kamerun den

Sieg zu bringen bzw. den Sieg Malis zu vereiteln. Mali verlor das Spiel trotz dieser Maßnahme mit 0:3, und der Präsident des malischen Verbandes entschuldigte sich später bei Nkomo für den rustikalen Einsatz der Polizeikräfte im Stadion. Nkomo präsentierte unmittelbar im Anschluss an diese aufsehenerregende Aktion der wartenden Presse seine blutigen Handgelenke mit der Bitte, man möge diesen Vorfall doch gut dokumentieren: «Würde man so Michel Platini behandeln, wenn Frankreich in Spanien spielte?», fragte er aufgebracht die Runde der Journalisten.

Was immer den Verdacht ausgelöst und genährt haben mochte – während seiner Karriere als Fußballer galt Thomas Nkomo jedenfalls als einer der besten Torhüter des gesamten afrikanischen Kontinents. Winfried Schäfer, der mit Kamerun 2002 den Africa Cup gewonnen hat, schrieb mir auf meine Anfrage im Februar 2005, dass er während seiner Zeit als Trainer in Kamerun keine Vorfälle von Hexerei habe beobachten können. Er empfahl mir jedoch, ich solle mich an seinen Trainerkollegen und ehemaligen Spieler des FC St. Pauli Dietmar Demuth wenden, der seinerzeit den Erstliga-Club von Ashanti Gold in Ghana trainierte. Dieser berichtete, dass unmittelbar vor einem Spiel einige seiner Spieler einen Hahn geschlachtet und dessen Blut in der Kabine des Gegners verspritzt hätten. Bei einer weiteren Gelegenheit hätten seine Jungs eine weiße Katze durch die Umkleidekabine «geschickt», um im anschließenden Spiel die Oberhand zu behalten. Viel scheint dieser Zauber der Mannschaft von Ashanti Gold freilich nicht genutzt zu haben, denn das Spiel wurde verloren. Der «erfolglosen» Katze haben die Spieler nach der Niederlage übrigens den Hals umgedreht, wie Dietmar Demuth nach seiner Rückkehr aus Ghana schildert (DER SPIEGEL, 2/2005, S. 117). Auch Burkhard Ziese, ein weiterer deutscher Fußballweltenbummler mit großer Erfahrung als Club- und Nationaltrainer, bestätigte solche Vorgänge aus Ghana in verschiedenen Interviews mit der BBC.

Eine Reihe denkwürdiger Begebenheiten, die eine Art magisches

Fernduell zwischen den Nationalmannschaften Südafrikas und Ghanas darstellen, trugen sich während der Qualifikationsphase im Vorfeld zur Weltmeisterschaft 2006 zu. Beide Teams spielten in der Gruppe 2 um den Einzug in die WM-Endrunde der besten 32 Mannschaften in Deutschland. Neben Ghana und Südafrika kämpften in dieser Gruppe die Demokratische Republik Kongo, Burkina Faso, Kap Verde sowie Uganda um den ersehnten Gruppensieg, da sich nur der Erstplatzierte für die Teilnahme in Deutschland qualifizieren konnte. Wir wissen heute, wie eindrucksvoll die «Black Stars» aus Ghana während des WM-Turniers gegen Italien, aber vor allem gegen die USA und die Tschechische Republik spielen sollten. Und diesen sportlichen Erfolg bei der WM 2006 in Deutschland verdankte die Mannschaft um Stephen Appiah und Michael Essien vor allem ihrer Kampfkraft und technischen Spielstärke.

Als es aber in Afrika um die Qualifikation für die Endrunde in Deutschland ging, mochte sich kaum einer «nur» auf die spielerischen und physischen Stärken der Mannschaft verlassen. Die Verantwortlichen, Fußballfans und -experten in Ghana ließen wirklich nichts unversucht, um ihre «Black Stars» auf allen Ebenen zu unterstützen: Die Teilnahme bei der WM in Deutschland war – so die einhellige Meinung der Fans – ungefähr so bedeutend wie der 6. März 1957 (Ghanas Unabhängigkeitstag). Dementsprechend hoch war der Aufwand, der auf der spirituellen Ebene betrieben wurde. Durch spezielle Gebete eines Pastors sollte Ghanas Mannschaft in der Endphase beschützt werden. Das ist gewiss nichts Ungewöhnliches. (Auch in Deutschland gab es Segnungen der deutschen Mannschaft vor großen Turnieren.) Doch als bekannt wurde, dass südafrikanische Zauberer angeblich *juju*-Rituale durchgeführt hätten, damit Ghana das Spiel gegen Uganda verlieren und sich stattdessen die Mannschaft Südafrikas als Gruppensieger für die WM in Deutschland qualifizieren sollte, erhielt das Sport- und Erziehungsministerium in Ghanas Hauptstadt Accra eine Menge interessanter Angebote: Eine ältere Frau, die sich als die «Königin aller Hexen des Nzemalandes» bezeichnete, bot dem Ministerium neben einigen anderen Magiern und spirituellen Medien ihre Dienste an. Sie wollte in der Kabine der «Black Stars» ein Ritual durchführen, um die Spieler vor feindlichen Angriffen zu schützen. Der stellvertretende Sportminister berichtete mir in diesem Zusammenhang, dass diese gut gemeinten, aber selten ganz uneigennützig erfolgenden Angebote in aller Regel abgelehnt würden, da die Magier für ihren spirituellen Service oft stolze Summen verlangten und zudem gewisse magische Techniken und Praktiken, die zum Einsatz gelangten, ein Gesundheitsrisiko für die Spieler darstellten. Vor allem Zaubertränke und magische Rituale, in deren Verlauf die Spieler etwas zu sich nehmen sollten, seien aus seiner Sicht gesundheitlich oft bedenklich und würden auch von den meisten Fußballern inzwischen abgelehnt.

Immerhin opferte im Norden Ghanas ein *juju*-Mann 100 Schafe, um den Zauber, den die Magier im weit entfernten Südafrika durchgeführt hatten, zu brechen bzw. rückgängig zu machen.

Diese und ähnliche Meldungen machten Ghana in meinen Augen zu einem attraktiven Ziel, um auch in Westafrika herauszufinden, welchen Stellenwert magische Rituale im dortigen Fußball besitzen. Ich nahm im Frühjahr 2005 Kontakt zum Sport- und Erziehungsministerium auf, dem bereits erwähnten ghanaischen Fußballheroen Benjamin Koufie, verschiedenen deutschen Trainern, die in Ghana tätig waren, und schließlich zu einem Mann, der es nicht nur in Expertenkreisen meiner Heimatstadt Frankfurt am Main zu Beginn der 90er Jahre zu hohem Ansehen gebracht hatte: Anthony Yeboah wurde im Trikot der Frankfurter Eintracht 1993 und 1994 Torschützenkönig der Bundesliga – und 1992 wäre er wohl auch deutscher Meister geworden, wenn nicht im entscheidenden Spiel der Frankfurter gegen Hansa Rostock den Hessen ein klarer Strafstoß verweigert worden wäre – eine Fehlentscheidung, aber keine Hexerei. «Zeugen Yeboahs» prangt in bunten Farben unter Anthony Yeboahs Konterfei auf den T-Shirts des gleichnamigen Fan-Clubs (ein besonderes Kleidungsstück, das auch ich in Ehren halte). Unter Dragoslav Stepanovic bildete Tony Yeboah gemeinsam mit Uwe Bein und Andi Möller ein magisches Dreieck. Zumindest bis zu jenem schicksalsschweren Spiel gegen Hansa Rostock wurde die Spielweise der Eintracht damals ebenso richtungweisend wie ehrfurchtsvoll als «Fußball 2000» bezeichnet.

Ein wahrhaft rätselhafter Vorgang brachte Mitte der 90er Jahre Betreuer, Fans und heimische Sportpresse gleichermaßen ins Grübeln: Als Yeboah aus Ghana nach Frankfurt zurückkehrte, um nach der Winterpause bei der Eintracht das Training wieder aufzunehmen, war er plötzlich zwei Jahre jünger als bei seiner Abreise. Wie war das möglich? Ein Fall von Magie oder Zauberei? Das Geburtsdatum des Stürmers lässt jedenfalls aufhorchen: 6.6.66! Doch weder Magie noch Hexerei waren im Spiel. Obwohl – ein wenig fauler Zauber war doch im Hintergrund. Als nämlich Tony Yeboah im Alter von 16 Jahren ein Spiel für die Nationalmannschaft Black Stars bestreiten sollte, machte ihn der Verband Ghanas kurzerhand zwei Jahre älter. Diesen nur aus verwaltungstechnischer Sicht magischen Vorgang habe er damals rückgängig gemacht, so Yeboah Jahre später im Interview mit einer deutschen Illustrierten (Stern, 28. Januar 2006). Erwähnenswert ist in diesem Zusammenhang vielleicht noch die Reaktion des deutschen Afrika-Trainer-Veteranen Otto Pfister, der zwischen 1989 und 1995 die Nationalmannschaft Ghanas betreute. Zu Yeboahs wechselndem Geburtsdatum befragt, soll dieser geantwortet haben: «Da hilft nur eines – Beine aufsägen und Jahresringe zählen!»

Anthony Yeboah ist heute Berater des ghanaischen Fußballverbandes und betreibt ein Hotel in seiner Geburtsstadt Kumasi und ein weiteres in der Hauptstadt Accra. Dort stiegen wir im Sommer 2005 ab. Weil er geschäftlich oft in London zu tun hatte, konnte ich ihn zwar in seinem Hotel nicht persönlich treffen, aber wir telefonierten ein paar Mal; sein Hotel war unsere Basis während der Dreharbeiten in Ghana, und sein Personal unterstützte uns in großartiger Weise. Welche Verehrung der Fußballstar Anthony Yeboah in Ghana genießt, erlebten wir, als uns sein Hotelbus vom Flughafen abholte: Auf dem weißen Toyota prangte ein grüner Schriftzug «Yegoala Hotel», eine Kombination der Worte «Goal» und «Yeboah». Auf dem Weg zum Sportministerium in Accras Innenstadt fuhr auf der gegenüberliegenden Straßenseite ein Lastwagen. Auf seiner offenen Ladefläche standen etwa 20 junge Bauarbeiter, die T-Shirts der Hitze wegen nur lose über den Schultern, die Schutzhelme hielten sie in der Hand; offenbar waren sie auf dem Weg zur Arbeit. Als sie den Yegoala-Bus erblickten, stimmten alle sofort einen melodischen Gesang an, klatschten dazu und zeigten auf den Bus. Zwei der Arbeiter sprangen während der Fahrt sogar von der Ladefläche des Kippers, überquerten mit wahrhaft halsbrecherischem Einsatz die Fahrbahn, rannten neben unserem Bus her, ließen ihre Shirts aus lauter Begeisterung über dem Kopf rotieren und lachten und sangen. Sie waren so völlig entzückt von diesem Erlebnis, dass sie uns durch das geöffnete Fenster die Hände schüttelten und immer wieder einfach nur «Tony Yeboah» riefen. Ganz gleich, wer im Bus saß – der Anblick des Schriftzugs allein erinnert die Leute an einen ihrer großen Fußballstars, und das erweckt in den Fans ein gutes Gefühl, die pure Begeisterung für Fußball, einfach so.

In Accra trafen wir als ersten Benjamine Koufie, den Altstar, Ex-Spielführer, Ex-Trainer, Verbandspräsidenten und CAF-Direktor, der nicht nur in seiner Heimat Ghana sehr populär ist. Mit ihm durch Accra zu laufen, ist in etwa so unauffällig, als ginge man an Franz Beckenbauers Seite zum Ball des Sports. Noch heute gehören Bens Schilderungen der Traditionen und magischen Rituale im Fußball Afrikas zu den eindrucksvollsten Erfahrungen, die ich im Verlauf der Recherche machen konnte:

«Mein Name ist Benjamine Koufie, bekannt als Ben. Vor vielen Jahren war ich Nationaltrainer von Ghana. Davor habe ich einige Zeit für mein Land Fußball spielen dürfen. Ich habe in Deutschland eine Trainerausbildung gemacht in der Sportschule in Köln Müngersdorf; das war 1961. 1964 kam ich erneut nach Deutschland, dieses Mal nach Leipzig, wo ich mein Diplom ablegte und ein Trainerzertifikat erwarb.

Sehen Sie, Deutschland hatte den (Weltmeister-)Titel 1954 unter Sepp Herberger gewonnen, und ich denke, Deutschland wurde zu dieser Zeit als eine der besten Fußballnationen anerkannt. Darüber hinaus glaubten viele, dass man dort als Trainer einiges lernen könne, dass Deutschland etwas zu bieten habe. Und es stellte sich heraus, dass das stimmte. Bevor ich nach Deutschland kam, war ich ebenfalls zur Ausbildung in der Tschechoslowakei. Wir flogen damals von Prag direkt nach Köln, wo wir unseren Aufenthalt sehr genossen haben. Heute bin ich ausgebildeter FIFA-Trainer, Mitglied des technischen Direktoriums des afrikanischen Dachverbandes CAF; und ich kann sagen, dass ich selbst einige Erfahrung mit magischen Ritualen machen konnte. Ja, ich kann dazu etwas sagen.

Es ist wahr, dass Hexerei in einigen Ländern Afrikas praktiziert wird, es gibt eine ganze Anzahl von Ländern auf diesem Kontinent, wo man daran glaubt. Die Leute glauben, dass *juju* etwas mit dem Ergebnis des Spiels zu tun hat. Und dieser Gedanke lebt dort seit sehr langer Zeit. In der Tat hatte ich als Spieler selbst damit zu tun, bis ich merkte, dass eigentlich nichts Gutes daran war. Ich sage, es gibt einige Länder in Afrika, die immer noch fest in diesem Glauben verwurzelt sind; und es gibt andere in Afrika, die «das Licht gesehen haben» und davon inzwischen weitgehend abgerückt sind. Die Verbände dieser Länder haben verstanden, dass Fußball ein auf Technik basierendes Spiel ist. Es ist ein Spiel, für das man hart arbeiten muss, für das man trainieren muss, um die notwendigen Fähigkeiten zu erlernen, um so zu spielen, dass man gewinnt. Anstatt daran zu denken, dass irgendeine übernatürliche Macht oder Kraft dahintersteckt. *Juju* oder wie immer man diese ganzen Rituale nennen möchte, helfen dir nicht zu gewinnen. Der Glaube an die Wirkung dieser Rituale verschwindet also nach und nach in vielen afrikanischen Ländern. Hier in Ghana glaubt die Mehrheit der Verantwortlichen in den Clubs nicht mehr an die Existenz von *juju*. Allerdings gibt es im Umfeld der Clubs und unter den Zuschauern immer noch sehr viele, die daran glauben, dass Hexerei etwas mit dem Ausgang des Spiels zu tun hat. Aber wir lassen das allmählich hinter uns. Ich bin ganz froh darüber, dass viele nun realisiert haben, dass Fußball etwas mit Fähigkeiten zu tun hat, dass es ein Spiel mit Technik ist, mit Taktik, ein Spiel, das man erlernen muss, auch in psychologischer Hinsicht.

Wann immer über den Zusammenhang von Traditionen, Ritualen und Sport in Afrika diskutiert wird, kommt der Punkt, an dem der Verband CAF beschuldigt wird, er würde afrikanische Kultur auslöschen. Ja, diese Anschuldigungen kommen teilweise von Übersee. Hier bei uns behaupten auch manche, dass der Verband CAF 2002 die Statuten geändert habe und diese Rituale verbieten lassen würde, weil man die Kraft der magischen Mittel für sich alleine beanspruchen und andere von der Anwendung ausschließen wolle. Ich kann nur sagen, dass diese Anschuldigungen absolut falsch sind. Zunächst einmal glaube ich nicht, dass jemand von außerhalb mehr vom afrikanischen Fußball versteht als die Afrikaner selbst. CAF ist die afrikanische Fußball-Vereinigung, und wir haben verstanden, dass unser Fußball ohne *juju* besser sein kann. Wir glauben, dass es richtig ist, Sanktionen gegen diejenigen auszusprechen, die Hexerei im Fußball anzuwenden versuchen. Das ist ohne Zweifel eine richtige Entscheidung! Die CAF trifft damit keine Entscheidung, die für den europäischen Fußball relevant ist, aber für den afrikanischen Verband. Und wir Afrikaner begrüßen diese Regelung. Ich glaube, es ist falsch, wenn die CAF für diese Entscheidung kritisiert wird. Wir suchen nach Verbesserungsmöglichkeiten; wir möchten, dass Afrika in diesem Sport Fortschritte macht – und deshalb müssen alle Widrigkeiten, die das Spiel stören, beseitigt werden. Das ist unser Ziel. *Juju* selbst kann nicht Fußball spielen! Diejenigen, die das nicht begreifen wollen, sollen eine Mannschaft aus elf *juju*-Männern oder

Zauberern aufstellen. Sie sollen spielen, und wenn sie nicht gewinnen können, dann können wir endlich aufhören, darüber zu streiten, ob *juju* im Fußball nun hilft oder nicht. Ich glaube jedenfalls an Wissenschaft und an gutes Training.

Es ist aber richtig, dass ich in meiner Zeit als Trainer mit diesen Vorgängen oft konfrontiert wurde. Ich habe ein Team hier in Afrika trainiert – den Namen des Clubs möchte ich lieber nicht sagen –, jedenfalls wir spielten damals im Cup-Finale der Meister, und zu meiner Überraschung musste ich feststellen, dass die Spieler am Morgen des Matches total übermüdet zum Spiel kamen. Die Jungs sagten mir: ‹Trainer, wir haben die ganze Nacht kein Auge zugemacht, sie haben uns heute Nacht an viele verschiedene Orte gebracht, wir sind müde!› Sie hatten das Hotel sehr früh am Morgen verlassen müssen, um einen Friedhof zu besuchen. Dort lag ein Spieler dieses Vereins begraben, der vor einigen Jahren verstorben war. Dessen Grab hatten sie besucht, sie baten seinen Geist um Hilfe, um das Finale zu gewinnen. Ich sagte den Clubbesitzern damals, dass ich die Spieler gesehen hätte und sie seien schon jetzt total ausgelaugt. ‹Warum lasst ihr sie nicht in Frieden ausruhen? Warum fahren wir nicht von unserem Hotel ins Stadion, anstatt auf den Friedhof zu gehen?› Nein, das ginge nicht, sagten mir die Manager damals, es sei Teil einer Tradition des Clubs. Wann immer der Club ein wichtiges Spiel habe, müsse man dorthin gehen und die Geister der Ahnen um Beistand bitten, alles andere wäre respektlos. Ohne diese Zeremonie würde man nicht das nötige Glück haben und das Finale sicher verlieren. Ich war also Teil dieser ganzen Veranstaltung und musste mitmachen. Wenn ich sage, dass ich nicht an *juju* glaube, dann deshalb, weil ich es selbst ausprobiert habe und sagen kann, dass es absolut nichts nützt. Manchmal sprenkeln die Zauberer etwas auf das Spielfeld, oder du sollst in etwas baden, auf einem Grabhügel, in stinkendem Wasser, dich danach nicht kämmen oder keine Frau anfassen. Je mehr Hindernisse und Auflagen mit dem ganzen Zauber verbunden sind, desto besser. Dann können die Magier, falls das Spiel trotzdem verloren wird, sagen, die Spieler hätten etwas nicht beachtet.

Aber manchmal geschieht es eben, dass du solche Dinge tust und dann auch noch gewinnst! (Ben lacht herzhaft) Und das erfüllt dann die Behauptung, dass *juju* dir zum Sieg verholfen hat – unglaublich! Aber ich sage euch hier direkt ins Gesicht: Es hilft nichts! Es ist reine Verschwendung von Zeit, Ressourcen und vor allem auch von Geld! Das Geld, das für *juju*-Zeremonien ausgegeben wird, sollte besser an die Spieler als Siegprämie ausgezahlt werden. Und wenn sie diese Zahlungen erhalten, werden sie auch raus auf den Platz gehen und sich förmlich zerreißen, damit sie das Spiel gewinnen – sich aufreiben und zerreißen.

Es gab damals, im Januar 1992, im Senegal dieses berühmte Spiel Ghanas gegen die Elfenbeinküste. Was dort geschah? Ich persönlich glaube nicht, dass *juju* einen Einfluss auf das Resultat hatte. Es gibt aber eine Menge Leute, die das anders sehen. Aber lasst mich das erklären. Nur um mal ein paar Daten und Ergebnisse zu nennen: 1965 haben wir die ‹Elefanten› (Kampfname der Mannschaft der Elfenbeinküste) 4:1 geschlagen, 1968 nochmals, das nächste Mal 1970 im Sudan, in der Nachspielzeit 2:1. Die Manager und Trainer der Elfenbeinküste konnten es einfach nicht verstehen, warum sie gegen Ghana in den entscheidenden Spielen immer verloren. Beim Africa Cup 1992 im Senegal, als die Elfenbeinküste gegen Ghana im Elfmeterschießen des Finales mit 11:10 endlich einmal gewinnen konnte, war das der größte Tag im Leben der Spieler der Elfenbeinküste. Sie schrieben diesen Sieg dem magischen Ritual einer Gruppe von *juju*-Männern zu, die vor dem Spiel gegen Ghana den Sieg auf diesem Weg sichern sollte. Das Management der ivorischen Nationalmannschaft hatte sie vor dem Spiel eigens angeheuert.

Die Elfenbeinküste schlug Ghana, weil unser Flaggenträger und Kapitän Abédi Pelé, der während des gesamten Turniers so gut gespielt hatte, im Halbfinale leider seine zweite Gelbe Karte bekam und deshalb im Finale nicht dabei war. Tony Yeboah half uns damals mit seinen Toren. Aber Abédi Pelé, der fehlte uns. Dass er im Finale nicht dabei sein konnte, verunsicherte das Team Ghanas, und die Elfenbeinküste gewann schließlich dieses Spiel. Für uns in Ghana war die Sache schon sehr traurig, aber damit eben auch erledigt. Für die ‹Elefanten› der Elfenbeinküste hatte das Ganze ein Nachspiel, das sich lange Jahre hinzog und immer noch aufgekocht wird. Ich habe später gehört, dass die Manager der Elfenbeinküste die *juju*-Männer aus Abidjan nicht wie vereinbart bezahlt hätten. Die Mannschaft wurde daraufhin mit einem Fluch belegt, mit dem sich die Magier am Management rächten. Das sei angeblich der Grund, weshalb das Team der Elfenbeinküste den Africa Cup nach 1992 bis heute nicht mehr gewinnen konnte. Nachdem sie bei den folgenden Africa Cups frühzeitig scheiterten, soll die Mannschaft angeblich in einem Ausbildungscamp des ivorischen Militärs zusammengepfercht worden sein. Das war im Jahr 2000. Die Spieler mussten sich dort Vorträge über Vaterlandsliebe anhören und im Entengang um den Platz laufen. Aber auch 2002 flogen sie in Mali nach einem torlosen Unentschieden gegen Togo und zwei Niederlagen gegen den Kongo und Kamerun aus dem Turnier. Ich weiß nicht, was an dieser Geschichte dran ist, aber 2003 soll schließlich ein Minister der Elfenbeinküste (Moise Lida Kouassi, Minister für Verteidigung und Zivilschutz, Anmerkung des Autors) die Hexenmeister persönlich gebeten haben, den Fluch von der Mannschaft zu nehmen. Eine Flasche Whisky und 2000 US-Dollar sollen seine Entschuldigung und seine Bitte bekräftigt haben, ‹damit die weisen Männer (die Magier) die Republik und den Sportminister in Zukunft wieder mit ihrem außerordentlichen Wissen unterstützen›.

Diejenigen, die an *juju* glauben, können es natürlich trotz der neuen CAF-Statuten heimlich praktizieren, ohne dabei entdeckt zu werden, das ist wahr. Die *juju*-Männer, die nun nicht mehr auf der Trainerbank sitzen dürfen, können genauso gut in der ersten Reihe der Zuschauer sitzen. Manche Teams sind auch dazu übergegangen, sie als Physiotherapeuten oder einfach als Masseure zu tarnen. Sie ziehen eben ein Trikot des Vereins an – natürlich keine traditionelle Kleidung – und setzen sich einfach auf den Platz der Assistenten. Doch es ist fast wichtiger, dass viele, viele Nationen verstanden haben, dass *juju* der Vergangenheit angehört. Und dass sie diese Praktiken vergessen sollten. Es ist bislang noch nicht verschwunden; es gibt, wie gesagt, einige Regionen in Afrika, wo der Glaube an *juju* immer noch tief verwurzelt ist. Ich reise ziemlich viel in Afrika, und wenn du manchen zuhörst, glauben sie immer noch, dass du ohne die Anwendung magischer Rituale einfach nicht erfolgreich spielen kannst.

Fußball kam durch die Weißen hierher, sie haben aber Fußball nicht zusammen mit *juju* nach Afrika gebracht. *Juju* war nie Bestandteil des Fußballs, als er von den Weißen hierher gebracht wurde, es geht also auch nichts verloren, was ursprünglich einmal dazugehörte, wenn wir das lassen. Viele Afrikaner glauben an den Einfluss unserer Ahnen im Diesseits; wir nennen das *ancestral worshipping* oder Ahnenverehrung. Wir glauben an die Existenz unserer Ahnen, wir glauben, dass wir die Geister unserer Ahnen durch Zeremonien erwecken können, damit sie uns beistehen, wenn wir sie brauchen; ja, natürlich ist das hier Teil unserer Tradition. Aber wenn jeder im Fußball seine Ahnen anruft, und sie alle erscheinen hier auf dem Platz, um jedem Spieler zu helfen, müsste das ja ein Spiel zwischen lauter Geistern werden, ein ‹Geisterspiel› – tote Menschen werden gegen sich selbst spielen. Ich sage nicht, dass es *juju* nicht gibt! Natürlich gibt es *juju* in Afrika! Aber *juju* hat verschiedene Seiten: Wir haben einen indigenen Arzt (engl.: *herbalist*), der manchmal durch seine traditionelle afrikanische Medizin Menschen heilen kann, die im Sinne westlicher Medizin als hoffnungsloser Fall galten. Solche Fälle wurden durch *juju* geheilt; das kommt hier vor, und es ist wahr!

Aber das bedeutet doch nicht, dass diese *juju*-Männer dazu taugen, Tore im Fußball zu erzielen. Ich glaube es wirklich nicht! Aber manche Spieler, die an *juju* glauben, werden es als ‹psychologische Waffe› begreifen. Wenn einer weiß, dass dort auf der Trainerbank ein Zauberer oder *juju*-Mann sitzt, der ihn beschützt, sodass keiner im Stadion – auch kein feindlich gesinnter Geist oder Magier – ihm etwas anhaben kann, ist er frei auf dem Platz und kann so gut wie irgend möglich spielen. Das ist leicht zu verstehen. Doch ich möchte daran erinnern, dass *juju* kein Spiel für ein Team gewinnen kann.

Es ist der einzelne Spieler, der den Unterschied ausmacht, denn Fußball ist ein modernes, auf Technik und Entwicklung beruhendes Spiel. Als man hier in Afrika mit Fußball begann, geschah das unter sehr schwierigen Bedingungen. Fußball wurde hier zu Beginn ohne feste Torpfosten gespielt, ein Seil wurde zwischen zwei Stöcke gespannt, das war das Tor; die Höhe spielte keine Rolle, die Anzahl der Spieler pro Team spielte ebenfalls überhaupt keine Rolle. Linien, Regeln usw. – das alles war am Anfang nicht weiter von Bedeutung. Aber Fußball hat nun auf allen Ebenen eine Entwicklung durchlaufen, vor allem im professionellen Bereich und dem der Nationalteams.

Die Match Commissioners inspizieren das Spielfeld, und sobald ihnen auch nur das geringste Anzeichen auffällt, das auf *juju*-Praktiken hindeutet, sind sie aufgefordert, das sofort zu beseitigen, bevor das Spiel beginnt. Es wird nicht geduldet, dass das Spiel durch diese magischen Mittel gestört wird. Trotzdem kommen solche Rituale immer wieder vor. Einige werfen rohe Eier, auf die sie zuvor den Vereinsnamen des Gegners geschrieben haben, auf das Feld, um dieses Team zu schwächen. Die anderen benutzen dann Zitronen, gewöhnliche Zitronen; sie heben durch die ätzende Säure den Zauber wieder auf. (Ernst Middendorp hatte mir berichtet, dass er in Ghana als Trainer von Asante Kotoko sowie der Hearts of Oak mit seinen Mannschaften ein paar Mal auf Spielfeldern gespielt habe, die von Zitronen übersät gewesen waren. Anmerkung des Autors.) Solche seltsamen Dinge, die zwar nichts mit dem Spiel zu tun haben, passieren hin und wieder. Wenn sie jemanden erwischen, der öffentlich vor dem Spiel etwas auf den Platz schüttet, vor allem Flüssigkeiten, wird diese Person bestraft. CAF ist eine afrikanische Einrichtung; wir wissen ganz genau, was hier los ist. Wir wollen versuchen, Klarheit und wissenschaftliche Konstanten ins Spiel zu bringen, um das Niveau des Fußballs in Afrika zu verbessern.»

Wir trafen Benjamine während unseres Aufenthalts in Ghana noch ein paar Mal. Dank seiner großzügig gewährten Hilfe öffneten sich plötzlich Türen, die ohne sein Zutun für uns fest verschlossen waren. Drehgenehmigungen, Interviewanfragen, Besuche im Stadion – manches ging plötzlich ganz leicht.

Monday Stars

Von Benjamine stammte auch der Tipp, bei den Monday Stars vorbeizuschauen. Das ist eine Art Stadtteil-Club, irgendwo im lärmenden Gewirr von Accras Innenstadt: ein steiniger Platz, über den nach schwerem Regen diagonal ein riesiger, tiefer Riss verläuft; zwei Tore, flankiert von zwei lang gestreckten, flachen Bauten, ein paar große Bäume – das war's. Im Schatten der weit ausladenden Äste sitzen die alten Herren, essen, trinken und fachsimpeln. Natürlich über Fußball. Überall laufen sich Kinder, Jungen, Halbwüchsige und Erwachsene warm. Montags finden die Spiele statt; mittwochs und freitags wird trainiert. Dienstags, donnerstags und samstags sicher auch, aber nur inoffiziell. Selbst spät am Nachmittag dörrt die Sonne auf diesem staubigen Platz noch alles und jeden. Hier lässt sich gut studieren, welche Ligen und Mannschaften wirklich in der Gunst von Ghanas Straßenfußballern stehen: Englische Vereinstrikots herrschen eindeutig vor, dazu die der spanischen oder italienischen Eliteteams von Madrid, Barcelona, Mailand oder Rom; vereinzelt sieht man auch mal ein altes Trikot von Dortmund oder FC Bayern. Auf solch unscheinbaren Bolzplätzen wie diesem in Accra haben einst die großen Karrieren der Stars aus Ghana begonnen. Europas Top-Vereinen waren sie astronomische Summen wert. Und die ließen sich dort auch verdienen.

Als wir uns im Stadtteil der Monday Stars nach geeigneten Drehorten und Interviewpartnern umsahen, herrschte wie immer ein emsig engagiertes Treiben. Das alles beherrschende Thema war jedoch der spektakuläre Wechsel des ghanaischen Stars Michael Essien von Olympique Lyon zum FC Chelsea nach London. Nicht, dass ghanaische Spieler zwischen bedeutenden Clubs nicht schon zuvor für stolze Summen gewechselt hätten – nein: Klangvolle Namen wie Sammy Kuffour, Anthony Yeboah oder Otto Addo waren Stars in deutschen und anderen Ligen Europas. Doch die Rekordsumme von knapp 40 Millionen Euro, die der FC Chelsea damals für den 23-jährigen Mittelfeldstar Michael Essien aufbot, gehörte in eine neue Dimension. Die Nachricht des Transfers sorgte im Sommer 2005 dafür, dass sich Laufbereitschaft, Spielbegeisterung und Kampfkraft bei jedem Jungen auf dem Platz der Monday Stars noch um ein Vielfaches steigerten. Es fällt schwer, sich das vorzustellen, wenn man weiß, mit welchem schier unermüdlichen Eifer und welcher Hingabe die Jungs dort ohnehin immer spielen. Sie sind so stolz, dass es einer der ihren so weit im Fußball gebracht hat. Stürmer, die hier zum Fallrückzieher ansetzen, haben, wenn sie wieder aufstehen, spitze Kiesel des steinigen Platzes oder gar winzige Splitter in der Haut zwischen den blanken Schultern stecken, die höchstens durch den heftig perlenden Schweiß rausgewaschen werden: Na und?, scheinen sie zu sagen, stehen auf und grätschen schon wieder in den nächsten Zweikampf, ohne sich auch nur im Geringsten um die unvermeidlichen Schrammen, Prellungen und Blessuren an ihren Körpern zu scheren. Es geht in diesen Spielen auf dem Platz der Monday Stars um nichts und doch um alles: Fußball *bedeutet* hier die immerhin mögliche Erfüllung eines Traumes, ist die vollendete Form der Freizeitkultur, ist männliches Gehabe, ist echter Spaß und bitterer Ernst zugleich! Und vielleicht ein Weg aus der Armut, hin zum Reichtum, dem Glamour der Welt des Fußballs und der Verehrung durch die Massen.

Mehrere Tage hintereinander gingen wir dorthin, sprachen mit

den Spielern, den älteren Herren, bewunderten die Athletik, die Tricks und technischen Fertigkeiten, die die Spieler trotz der miserablen Beschaffenheit des Platzes zeigten; wir beobachteten irgendwelche Spiele, in denen eine Mannschaft mit, die andere ohne Trikots spielte. Das Milieu und die Atmosphäre waren ebenso mitreißend wie inspirierend. Links der Straße spielten die Kinder an einem uralten Tischkicker die aktuellen Matches der ghanaischen Liga sofort nach. Zehn, zwanzig von ihnen drängten sich jedes Mal um den rot-blauen Kasten, an dessen verrosteten, verbogenen Metallstangen ein paar immer wieder reparierte, hölzerne Spieler ohne Gesicht steckten. Rumpf und Füße der Spielfiguren, deren letzte Farbpartikel durch die Sonne und abertausende Kinderhände schon vor vielen Jahren abgewetzt worden sein müssen, zeigten inzwischen ein weitgehend einheitliches Braun-Grau – die genau gleiche unbestimmbare Farbgebung, die auch das Spielfeld und den ein-

Ein Tischkicker, umlagert von den Nachwuchstalenten der Monday Stars, Accra, Ghana, August 2005.

zigen Ball zierte. Auf einem kleinen Mauervorsprung saßen diejenigen, die als Nächstes spielen durften, und warteten geduldig auf ihren Einsatz. Hinter ihnen balgten sich zwei, drei kleine Ziegen, unter dem Kicker suchten ein paar Hühner nach den Krümeln irgendwelcher Mahlzeiten und flatterten nur kurz gackernd auf, wenn die Füße der Kinder im Überschwang des Spiels versehentlich auf sie traten.

Während nur wir die Szenerie zu beobachten glaubten, waren vielmehr Dutzende von Augenpaaren der Umgebung ständig auf uns gerichtet: Wer sind diese «Obrunis» (ghanaischer Slang für «Weiße») mit ihren Kameras eigentlich? Was machen die hier? Ein paar der Witze, die die Kids zu machen schienen, müssen richtig gut gewesen sein, denn kleine Gruppen von Jugendlichen drehten sich immer wieder um, tuschelten und lachten unbändig. Doch die Fußballer auf dem Platz beachteten uns kaum – oder taten zumindest so.

Drei Ghanaer – ihr Alter mochte irgendwo zwischen 25 und 35 Jahren sein, ausgerüstet mit den neuesten Mobiltelefonen in der Hand, ebenso unverzichtbare wie unübersehbare Symbole ihrer Zugehörigkeit zur trendbewussten, urbanen Schicht – sprachen uns interessiert an und fragten freundlich nach unserer Kameraausrüstung: «Wie teuer? – Was kann man damit machen? – Woher kommt ihr?» Das Übliche eben. Doch als sie nur die Begriffe *juju* und «Fußball» von uns hörten, entzündete sich sofort vor unseren Augen und Ohren eine ebenso lebhafte wie faszinierende Unterhaltung, die für mich noch immer ein Schlüsselerlebnis der gesamten Reise darstellt. «Existiert *juju* und hilft es, Fußballspiele zu gewinnen?», lautete die einfache Ausgangsfrage in diesem munteren Disput zwischen drei Ghanaern. «Warum glauben manche Spieler, Trainer, Manager und Fans an die Wirkung dieser Praktiken, obwohl die Zauberei auf dem Platz schon so oft versagt hat?»

Wie sich schnell herausstellte, waren alle drei aktive Fußballer. Keine Profis, aber mit Leidenschaft und Kompetenz bei der Sache, als Spieler wie als Fans. Zwei von ihnen waren «Phobia»-Anhänger, also Fans der Mannschaft von Hearts of Oak. Im Großstadtjargon von Accras Jugend ist «Heart-in-Phobia» der Spitzname dieses Clubs. Das Herz des dritten im Bunde schlug indes nicht weniger leidenschaftlich für Asante Kotoko FC. Die spannende Unterhaltung, die so plötzlich zwischen diesen drei Freunden aufkam, vermittelt einen guten Einblick in den geheimnisumwitterten Aspekt des afrikanischen Fußballs und findet so oder ähnlich in vielen Gegenden des Kontinents vermutlich täglich statt.

Ein reicher Fundus an Argumenten, erwachsen aus eigener Praxis und Erfahrung, der Beobachtung zahlloser Fußballspiele und einer grundsätzlichen Neugier an der traditionellen und spirituellen Sphäre des Sports kam zutage – ebenso wie schon bald die Rollenverteilung der drei Protagonisten, die die gesamte Bandbreite des Themas nicht schöner hätten vor unserem geistigen Auge entfalten können:

Der Erste war von der Existenz und Wirkung von *juju* felsenfest überzeugt. Er erinnerte immer wieder an denkwürdige Spiele mit sonderbaren Resultaten und ritualumwobenen, mysteriösen Begebenheiten, die sich seiner Meinung nach jeder rationalen Erklärung entzogen. Der Zweite bestritt nicht die Existenz magischer Rituale im Fußball, wollte aber die Wirkung von *juju* auf die psychische Sphäre der Spieler beschränkt wissen. Der Dritte der drei sympathischen Passanten fungierte schließlich als – wie sich zeigen sollte – gewitzter Stichwortgeber, der die Unterhaltung mit wichtigen Einzelheiten immer wieder neu anfachte, die Existenz magischer Vorgänge nicht einfach per se bestritt, sondern vielmehr deren Auswirkungen mit einigem Spaß und gespielter oder echter Haarspalterei beschrieb. Die lautstarke Unterhaltung, in der jeder seinen Standpunkt vehement verteidigte, vollzog sich begleitet von viel Gelächter und gestenreicher Überzeugungsarbeit. Kein Wunder, dass diese Szene, die sich direkt neben dem Platz der Monday Stars abspielte, ein großes und interessiertes Publikum anlockte:

«Ich sage euch, *juju* ist doch bloß eine rein psychologische Angelegenheit», begann der eine und tat so, als zwirbele er mit dem Zeigefinger und Daumen der rechten Hand in Stirnhöhe neben den Augen ein unsichtbares Garn. Die Geste sollte wohl bedeuten, dass jemand, der tatsächlich an *juju* glaubte, zweifellos etwas verrückt sein müsse. Seine beiden Begleiter konterten darauf entrüstet: «Aber es passiert einfach, es passiert ständig, sie können an dir mit Zauberei arbeiten. Mein Bruder, was ist denn neulich passiert, als die Hearts of Oak in den blauen Trikots gespielt haben, häh? Erinnerst du dich nicht? Was geschah da, mmh? Sie hatten sich in der Pre-Match-Conference überlegt, ein blaues Trikot zu tragen; nein, sogar ganz in Blau zu spielen. Als sie dann tatsächlich zum Spiel kamen, hatten sie die Farbe komplett gewechselt, denn sie sagten, wenn Kumasi weiß, dass wir in Blau spielen, haben sie einen Zauber mit unseren Trikots veranstaltet, denn die kennen unsere Farben natürlich. Aber wegen dieses Zaubers fangen wir uns dann drei, vier Gegentore ein, das ist doch alles schon da gewesen. Das letzte Mal sagten sie, sie würden die Trikots wechseln, außerhalb des Stadions. Sie kamen umgezogen zurück und Hearts of Oak schlug Kumasi 3:0.»

«Ach komm, das ist doch nur psychologischer ...!»

«Nein, ist es nicht! Es bedeutet etwas; sie wissen, dass es funktioniert, sie arbeiten an ihnen, natürlich funktioniert das. Du verfolgst doch Fußball jetzt schon seit so vielen Jahren, oder? Du warst auch dabei, als einer dort drüben auf dem Platz den Ball ferngesteuert und aus der Distanz gelenkt hat, einfach nur mit Wasser und seinen bloßen Händen, du hast das doch gesehen! (*Juju*/«Schwarze Magie» heißt im ghanaischen Jugendjargon der Straße «Remote Control», also «Fernbedienung»). Du hast doch den Mann gesehen, als «Power» (lokales Team) vor kurzem da drüben spielte; du hast das Spiel doch mit deinen eigenen Augen verfolgt! Die haben uns hier 2:0 eingetütet!»

Darauf der Skeptiker, der sich lachend vorbeugte und korrigierte: «Nein, 3:0!»

«Na bitte, dann eben 3:0 sogar. Na klar funktioniert das, der Mann hat den Ball nur durch die Kraft seiner Hände ferngesteuert und …!»

«Ach, Quatsch! Sag mir doch bitte mal, wie der Mann vom Spielfeldrand durch *juju* mit den Händen …», erregte sich darauf der andere wieder.

Die beiden *juju*-Verfechter legten darauf die gestreckten Mittel- und Zeigefinger an die Schläfen, versuchten dem Ersten zu erklären, als sei er schwer von Begriff:

»*Juju* ist etwas, das auf spirituelle Weise passiert. Du kannst das nicht so einfach sehen oder gar beweisen! Sieh mal, es war ein ganz gewöhnlicher Mann, der kniete sich am Rand des Spielfeldes hin und …»

»Manchmal erkennst du das geheimnisvolle Gegenüber erst auf dem Platz, du spürst es», unterbrach ihn der Dritte: «vielleicht ist es der *juju*-Mann, vielleicht verhext er mich gerade in diesem Moment des Spiels, auf jeden Fall spürst du diese Kraft und bist erstmal verwirrt, willst ihm aus dem Weg gehen. Diese Leute können die Spieler von außen durch Zauberei beeinflussen; sie verwirren sogar die Verteidiger! Der Ball liegt genau vor deinen Füßen, aber du spürst eine Kraft, die dich daran hindert, du kannst ihn einfach nicht wegschießen, na klar funktioniert das! Denk mal an «Kotoko» gegen «Liberty». So was passiert doch hier ständig. Neulich spielte «Power», da saß wieder so einer von den *juju*-Männern hier, kannst du dich nicht erinnern? Hast du das wirklich schon vergessen?»

«Ach, Leute, kommt, wir reden doch nicht von solchen Plätzen wie dem hier!»

«Nein, nicht nur vom dem hier, wir reden über die grundsätzliche Wirkung von *juju* im Fußball, auf allen Plätzen, auch bei den bekannten Teams, natürlich passiert das auch dort! Einer der Zauberer hat durch *juju* sogar mal verhindert, dass wir den Ball in die Hälfte des Gegners spielen konnten. Da hockte neben dem Pfosten irgend so ein Typ und jedes Mal, wenn wir schießen wollten, hat er den Ball mit seinen blanken Händen einfach «ferngesteuert» und am Tor vorbeigelenkt, klar geht das! Man kann nicht erklären, auf welche Weise sie das machen, der benutzt dazu magische Mittel, Zauberei, *juju* eben!»

«Aaach ...», der Skeptiker warf lachend die Arme hoch, wie zur Abwehr von zu viel Überzeugungskraft. «In den Stadien sind jetzt überall Security-Leute, wie kannst du denn *juju* auf das Spielfeld bringen?»

Doch die beiden anderen gaben kein Handbreit nach, waren zu keinerlei Zugeständnis bereit: «Wenn der Spieler danach plötzlich wieder Tore erzielt, sind heimliche Kräfte am Werk gewesen, die nur bestimmte Menschen kontrollieren können. Es ist ein menschliches Bedürfnis, sie versuchen das Spielfeld ein, zwei Nächte vorher zu betreten. Es passiert, wenn die Verantwortlichen nicht hinsehen! Wenn du als Spieler einige Chancen auslässt, wenn du vor dem Tor versagst, kommen diese *juju*-Männer nach dem Spiel zu dir und sagen: «Hör mal zu, Mann, du hast ein Problem, mit dir stimmt etwas nicht, du triffst das Tor nicht mehr, merkst du das eigentlich? Wenn du wieder treffen willst, solltest du mal bei mir vorbeikommen und mich besuchen. Du bringst eine Ziege mit oder noch besser eine ganze Kuh, und ich will sehen, was ich für dich tun kann!»

Mit der flachen Hand fährt einer der drei in horizontaler Richtung über seine Kehle, deutet mit einer weltweit eindeutigen Geste an, dass der *juju*-Mann dem Tier den Hals abschneidet, und führt anschließend aus, dass der Magier dem Spieler das Blut des Tieres in einer Zeremonie auf die Beine reiben wird, um so die Geister seiner Ahnen günstig zu stimmen: «Sie werden dem Spieler, nachdem er ihnen den nötigen Respekt erwiesen hat, im Strafraum wieder beistehen und dafür sorgen, dass er endlich wieder Tore schießt. Aber das kann er nicht selbst tun. Der Fußballer braucht jemanden, der den Kontakt zur Welt der Geister und Dämonen herstellen kann, und dann wird er wieder erfolgreich spielen können, vorher nicht.»

Wie kaum anders zu erwarten, sollten sich die drei auf jener Straßenkreuzung nicht einig werden. Trotz starkem Engagement wollte sich keiner vom jeweils anderen von der Stichhaltigkeit und Beweiskraft seiner Argumente umstimmen lassen. Zu stark waren die eigenen Überzeugungen und Vorbehalte für oder wider die Zauberei im Fußball. Der Disput zwischen ihnen war vorerst eingestellt, aber noch lange nicht beendet. Warum sollte auch eine so komplexe und seit langem heftig diskutierte Frage, ob und welche Auswirkung *juju* im Fußball hat, an einer Straßenkreuzung in Accra so leicht entschieden werden können?

Und streiten sich nicht Gläubige aller Religionen zu allen Zeiten und an allen Orten der Welt heftig über den tieferen Sinn, den Inhalt, die Symbolik von Riten und ihre genaue Deutung? Zermalmen die Gläubigen den Leib Christi beim Kauen der Hostie? Verwandeln sich Brot und Wein durch das Sprechen einer Formel ihrem Wesen und nicht nur der Form nach? Über solche und ähnliche Fragen haben sich bedeutende Theologen der Scholastik jahrhundertelang den Kopf zerbrochen, ohne völlige Einigkeit zu erzielen.

Der Akonedi-Schrein

Zurück in Tony Yeboahs «Yegoala Hotel» beschlossen wir noch am gleichen Abend, unsere bisherigen Erfahrungen mit der Welt der Geister und Dämonen auch in Westafrika, so gut es geht, zu vertiefen: Wir hatten in den Tagen zuvor von so manchem Gesprächspartner gehört, dass der Glaube an die Kraft der Zauberei nichts Außergewöhnliches sei. Auch in Ghana versuchten Fußballer und andere Klienten, durch Magie und Zauberei eine Brücke zwischen der Realität und dem angestrebten Idealzustand zu schlagen. Also entschieden wir, eine echte Autorität mit Zugang zur spirituellen Welt zu suchen – jemanden, der die Wirkungsweise der Zauberei genau kennt, noch besser: der sie selbst anwendet und außerdem bereit ist, mit «Obrunis» darüber zu sprechen. Sabrina Schmidt von der deutschen Botschaft in Accra, nochmals Ben Koufie, der nationale Direktor für Sport und Erziehung, Emmanuel Owusu-Ansah und viele andere standen uns tatkräftig zu Seite und halfen uns, in kurzer Zeit die richtigen Institutionen und Personen ausfindig zu machen.

Schon zwei Tage später schlängelten wir uns mit einem betagten Toyota-Transporter mühsam enge Serpentinen bergauf, von Accra aus immer Richtung Nordosten. Eine kleine Ortschaft mit Namen Larteh war unser Ziel, gelegen in der «Eastern Region», einer unberührten Bergregion, die an das Nachbarland Togo grenzt. Wir suchten die Einsamkeit der Akwapim-Berge weder auf, um dort die faszinierenden Wildtiere, Vögel, Schmetterlinge oder die üppige Flora zu bewundern. Auch nicht, um unser Glück in Ghanas einziger Diamantenmine zu suchen. Wir suchten in den Bergen ein spirituelles Medium – den heiligen Ort einer berühmten Priesterin, die auch die Sorgen und Bedürfnisse von Fußballern erspürt, die weit jenseits der körperlichen Fitness liegen. Unsere Mission führte uns zu einer der bedeutendsten Kultstätten Westafrikas, dem Akonedi-Schrein. Mehrere Mittelsmänner hatten uns berichtet, dass Fußballer dort eine Priesterin aufsuchten und um ihren Rat und magischen Beistand baten. Heimlich natürlich. Aber wir waren entschlossen, an diesem mystischen Ort dem Zusammenhang von Fußball und *juju* so nah wie irgend möglich zu kommen.

Das helle, trockene Scheppern der traditionellen Gankogui-Glocken war auch schon aus einiger Entfernung gut zu hören und erinnerte in seiner einfachen Rhythmik zuerst an das Geräusch von Schmiedearbeiten einer vormodernen Industrieanlage. Es sind nur zwei metallisch kurze Töne, die mit diesem kleinen Schlagwerk von Hand erzeugt werden. Ein tiefer und ein höherer Ton, die aus zwei übereinander angebrachten, bananenförmigen Klangkörpern aus getriebenem Metall stammen, wechseln in immer gleicher Abfolge und gleichem Tempo. Endlos. Eine traditionelle Klangwelt Westafrikas, die akustische Untermalung einer Zeremonie, in deren

geheimnisvoller Atmosphäre die Priester des Diesseits und die Geister des Jenseits zueinanderfinden. Das Haus, über dessen Eingang nur ein schmuckloses Schild mit dem Namen des Schreins hängt, erreicht man, wenn man durch den kleinen Ort Larteh fährt. Bloß das verwitterte Schild «Norway Road» weist noch auf die norwegische Missionsgesellschaft hin, die sich hier in der zweiten Hälfte des 19. Jahrhunderts mühte, dem rechten Glauben einen Pfad zu ebnen. Rechts neben dem Haus liegt ein weiterer kleiner Hof mit einer Grube, von der beißender Geruch ausgeht und ihre Funktion zweifelsfrei erahnen lässt.

Der Akonedi-Schrein selbst befindet sich im Innenhof eines weiß getünchten Hauses, umgeben von einer mannshohen weißen Mauer mit schlichtem Holztor. Im ewigen Halbdunkel eines fensterlosen, winzigen Raumes steht auf einem hüfthohen Mauervorsprung ein

---

Der berühmte Akonedi-Schrein in der Eastern Region Ghanas; zu dieser Kultstätte kommen Spieler, Manager und Trainer, wenn sie den Schutz der Geister ihrer Ahnen erbitten, August 2005.

mächtiges, bauchiges Tongefäß. Außen stehen kleinere Gefäße, halbierte Kokosnussschalen, zwei weiße Kerzen sowie eine große Muschel – fast alles vollgetropft vom Paraffin der Kerzen. Dazwischen glänzen vereinzelte schwarze Vogelfedern. Direkt vor dem mächtigen Tontopf stehen ordentlich aufgereiht etwa zehn bis zwölf große, viereckige braune Flaschen – ehemals gefüllt mit hochprozentigem Palmwein, Gin oder Wasser. Zwei dunkle, kunstvoll geschnitzte, etwa 50 Zentimeter hohe Holzfiguren richten ihre grimmigen Blicke auf die Kultstätte. Der Anblick des alten Gewehrs, das an der Wand lehnt, wirkt zwischen all den magisch aufgeladenen Kultgegenständen deplatziert, so als habe es jemand dort bloß vergessen. Bräunlich-trübe Schlieren, die die Wände, Gefäße, den Mauervorsprung und sämtliche Paraphernalien der magischen Praxis über und über bedecken, sind Spuren geheimnisvoller Flüssigkeiten, die in vielen rätselhaften Ritualen einfach über den Schrein gegossen, geschleudert oder sonst irgendwie verteilt worden sein müssen, bevor die Geister des Schreins tatsächlich erschienen sind.

Die Silhouette eines Mannes zeichnet sich nur schemenhaft vor dem Schrein ab. Er ist es, der im Dunkeln stehend seit einer Ewigkeit den durchdringend metallischen Klang der Instrumente mit mechanischer Präzision erzeugt. Er steht mit einem zweiten Mann ganz dicht vor einer in weiß gekleideten, untersetzten jungen Frau, die vor ihnen in einem Stuhl sitzt. Noch immer scheppern die Gankogui in dem winzigen Raum, blechern und monoton. Der zweite Mann schenkt währenddessen aus einer der braunen Flaschen eine klare Flüssigkeit in eine kleine Tasse und gießt den Inhalt sorgfältig zuerst auf die Türschwelle, den Boden und in die Ecken des Schreins. Dann erst über einzelne Artefakte. Schließlich trinkt er einige Male aus der Tasse, schluckt den Inhalt jedoch nicht herunter, sondern spuckt ihn mit aller Kraft und Geschick über den Schrein, sodass die Flüssigkeit fein zerstäubt auf alles niedersinkt. Er weckt durch dieses Ritual die Geister der Ahnen auf, um ihnen zu erklären, dass jemand gekommen sei und zu welchem Zweck

man sie anrufen wolle. Eine vorbereitende, aber wichtige Maßnahme, die nur der sogenannte *Linguist* ausführen darf.

Die Priesterin (er nennt sie «Princess») atmet schwer und beginnt leise vor sich hin zu summen. Aus dem Hintergrund dringt

Die «Princess» des Akonedi-Schreins: Sie ist Vermittlerin zwischen der Welt der Geister und Dämonen und den Fußballern im Diesseits.

immer noch metallisches Scheppern. Der zweite Mann beugt sich zu ihr hinunter, spricht auf sie ein; in seiner Hand taucht plötzlich ein länglicher Behälter auf, dessen staubend weißes Pulver sich die Princess reichlich über Kopf, Oberkörper und Arme pudert. Eine reine Sicherheitsvorkehrung zwar, jedoch nicht ohne optische Wirkung: Sollte ein feindlicher Geist während der Zeremonie Hand an sie legen, würde er in diesem gewöhnlichen Babypuder seine Fingerabdrücke hinterlassen, so erfahren wir später.

In der Princess ringen offenbar eine Menge unterschiedlicher Kräfte. Sie ächzt und stöhnt laut auf, ihr Gesicht verzerrt sich zu einer Grimasse, die Augenlider beginnen heftig zu flackern, Schweiß tritt in unglaublicher Menge aus ihren Poren, rinnt wie auf ein geheimes Kommando von einem Moment auf den nächsten von Armen, Hals und Gesicht. Die Geister sind offenbar in sie gefahren. Nie zuvor habe ich einen Menschen so plötzlich und so heftig schwitzen sehen. Die Princess wird in den kommenden Minuten ziemlich mürrisch. Die gerufenen Ahnen scheinen sich gestört zu fühlen. Vorbei ist ihr leises Summen und Wimmern. Sie fährt den fürsorglichen Gehilfen vor ihr mit lauter Stimme an, ihre Augen sind dabei geschlossen. Wir verstehen zwar die Sprache nicht, aber die Geister scheinen wissen zu wollen, was die «Obrunis» hier wollen. Er antwortet darauf nur mit wenigen Worten. Die Geister regen sich erneut in ihr, sie schüttelt darauf heftig den Kopf, gestikuliert wild und abwehrend mit beiden Händen. Die Ahnen scheinen von unserer Anwesenheit nicht begeistert zu sein. Nein, absolut nicht, die Geister würden ihr sogar ziemlich deutlich zeigen, dass wir hier nichts fragen könnten. Nichts zu Fußball und nichts zu *juju*. Zumindest nicht heute, übersetzt uns der Gehilfe auf meine fragenden Blicke und hilflosen Gesten.

Das Geschepper der Gankogui endet in diesem Moment abrupt. Mit hängenden Köpfen trotten wir aus dem kleinen, niedrigen Raum. Uns bleibt keine Zeit für Missmut oder Enttäuschung über diesen Fehlschlag, denn hinter unserem Rücken zerreißt plötzlich ein Schuss die Stille, der uns vor Schreck zusammenfahren lässt. Einer der beiden Gehilfen hatte das Gewehr abgefeuert. Das offizielle Signal für das Ende der Kommunikation mit den Geistern. Sie sind nun beruhigt und sicher, dass wir den heiligen Raum mit seinem kostbaren Inhalt wieder verlassen haben. Den noch qualmenden Kipplauf des Gewehrs über der Schulter und mit einem breiten Grinsen im Gesicht kommt der jüngere der beiden Männer auf uns zu.

«Hör genau zu, Mann, mein Name ist Korabatasai, ich bin der Linguist des Akonedi-Schreins; vergiss das nicht, das ist mein Beruf, hörst du. Ich kann sehen, dass ihr die Taschen voller Brot habt» (das englische Wort *bread* ist auf der Straße das Synonym für Geld), sagt Korabatasai, legt seine mächtige Hand vertrauensvoll auf meine Schulter und schiebt mich mit sanftem Druck beiseite, damit wir ungestört sprechen können. Art und Inhalt des Gesprächs sind mir inzwischen vertraut, aber gegen ein Beratungshonorar ist absolut nichts einzuwenden. Nachdem also ein amtliches Bündel Brot den Weg aus meiner in seine Tasche gefunden hat, verstaut er die abgegriffenen 5000 Cedis-Scheine in einer fließend und sicher nicht zum ersten Mal ausgeführten Bewegung unter seinem geräumigen Leinenumhang von unbestimmbarer Farbe. Zählen muss Korabatasai die einzelnen Scheine nicht, denn im Abwiegen von Brot ist er offenkundig sehr versiert. Wir setzen uns vor die Tür des Schreins und unterhalten uns über seine Arbeit, über Fußball und die Wünsche der Kundschaft.

«Man kann sagen, dass ich als Linguist eine Art Assistent der ‹Princess› bin», beginnt daraufhin Korabatasai. «Als vor ein paar Jahren Nana, die alte Priesterin des Akonedi-Schreins im Alter von über 90 Jahren gestorben war, streiften die Geister der Ahnen eine Weile durch die Gegend, bevor sie eine passende Nachfolgerin ausgewählt hatten. Das war meine Schwester. Sie war damals noch keine 15 Jahre alt und erfuhr in Träumen, dass sie die Nachfolgerin der alten Nana sein würde. Es war keine Bitte oder sowas, mit der die Ahnen an sie herangetreten sind. Es war ein Befehl, gegen den sie sich nicht auflehnen konnte – das hätte sie das Leben gekostet. Aber das ist lange her, sie ist jetzt schon viele Jahre die Priesterin des Akonedi-Schreins, und ich bin ihr Linguist, ihr Sprecher, ihr Gehilfe. Was die Geister der Princess sagen, erfahren die Leute nur durch mich.

Ich kann dir sagen, es gibt eine Menge Probleme und Wünsche, mit denen die Leute aus ganz Ghana, den Nachbarländern, ja sogar aus Amerika zum Akonedi-Schrein kommen. Und fast alle kommen mit ganz bestimmten Anliegen. Wenn du zum Beispiel ein besonders guter Fußballer sein willst, wenn du im Fußball viele Tore schießen willst, dann kommst du hierher, zu dieser Priesterin. Sie wird die Geister der Ahnen in diesem heiligen Schrein anrufen und sie fragen: ‹Dieser Mann hier wird bald ein wichtiges Spiel haben. Was kannst du für ihn tun, damit er einen Treffer erzielt?› Verstehst du, was ich sage?

Der Geist – es kann der einer Frau oder der eines Mannes sein, und selten erscheinen mehrere auf einmal – wird auf ihr Rufen hin erscheinen. Das kann sehr schnell gehen, es kann aber auch eine Weile dauern. Wenn der Geist über sie kommt, kann sie selbst nicht sprechen; du weißt dann, dass ein Geist im Raum ist, deshalb braucht sie einen Linguisten wie mich. Wenn der Geist ihren Körper wieder verlässt, weiß sie nicht mehr, was der Geist gesagt hat, aber der Linguist weiß es. Er wird dem Spieler durch die Princess den richtigen Weg weisen. Es kann sein, dass er ihm dann empfiehlt, eine Art ‹Erlaubnis› der Geister zu kaufen, ein kleines Tuch, ein Stück Papier mit einem Zauberspruch oder auch einer bestimmten Flüssigkeit oder verschiedenen Düften, um ein Ritual mit diesen verzauberten Gegenständen durchzuführen. Meistens soll er ihn vor oder während des Spiels bei sich tragen, um den Hals, um das linke oder rechte Handgelenk, das ist ganz unterschiedlich. Manche Spieler schlafen vor dem Match in der Nähe des Platzes, sie binden sich das Tuch um das Handgelenk, die Düfte sind auf ihrem Körper aufgetragen, das Schriftstück tragen sie auf der Stirn. Ja, es stimmt, sie gehen so zum Match und schlafen, wenn es geht, in der Nacht vor dem Match auf dem Spielfeld, du verstehst mich gut genug, mhh?», fragt mich Korabatasai und sieht mich mit durchdringendem Blick an.

«Stell dir vor, du bist ein zu schwacher Spieler, aber in deinem Verein wollen einige unbedingt, dass du für das Nationalteam, die Ghana Black Stars, spielst. Du kommst hierher und bringst der Princess deine Fußballschuhe mit und dein Trikot. Wenn du mit der Nummer 4 spielst, bringst du die Nummer 4, wenn du mit Nummer 3 spielst, dann bringst du Nummer 3, sie wird dann mit Hilfe der Geister an dir arbeiten. Wenn dir die Geister des Schreins sagen, ‹opfere uns ein Huhn oder eine Ziege …›, was auch immer, verstehst du, was immer es ist, du musst den Anweisungen des Schreins folgen. Wenn du das nicht tust, wirst du auch das Spiel verlieren. Hast du das kapiert?

Entschuldige, lass mich an dieser Stelle auf etwas Wichtiges zurückkommen: Man kann mit einer Ziege, genauer gesagt: dem Kopf einer Ziege, eine magische Zeremonie vor einem Spiel durchführen. Dazu wird der Kopf der geopferten Ziege zuerst in der Sonne getrocknet und später mit einer Zauberflüssigkeit behandelt. Woraus dieses Gebräu besteht und wie es gemacht wird, brauchst du nicht zu wissen, ich jedenfalls sage es dir nicht. Du versteckst den behandelten Ziegenkopf vor dem Spiel in deinem Haus. Wenn du dann später im Spiel aufs Tor schießt, wird der Torhüter nicht glauben, dass es der Ball ist, der rasend schnell auf ihn zufliegt. Er wird nämlich den verzauberten Ziegenkopf auf sich zufliegen sehen und ausweichen! Wenn der Ball dann im Netz liegt, ist es ein blitzsauberes Tor. Der Torwart wird nach dem Treffer erkennen, dass es ein ganz gewöhnlicher Fußball ist, denn der Ziegenkopf wird sich in einen Ball zurückverwandelt haben. Er wird zur Seite treten, denn der Torhüter kann keinen Ziegenkopf fangen, oder? Verstehst du? Oder kannst du etwa einen Ziegenkopf fangen? Na also! Du kannst ihn nicht fangen, also gehst du zur Seite, und der Ball wird an dir vorbeifliegen. Wenn er im Netz zappelt, wird es wieder ein Fußball sein und nichts anderes. Es ist die Stärke des Spielers, die zum Tor führt, richtig, aber *juju* funktioniert, es hilft ihm, den richtigen Weg zum Tor zu finden!»

Ostafrika

Ein paar der ältesten Gebäude des Muhimbili-National-Krankenhauses in Daressalam trotzen dem lastenden Tropenklima Ostafrikas schon seit 1920. Damals hieß die klinische Einrichtung im Stadtzentrum noch Sewahaji-Hospital. Längst hat der in Sturzbächen vom Himmel fallende Regen den hellen Anstrich dieses betagten Gebäudekomplexes wieder abgetragen, nachdem die Sonne ihn gedörrt und porös gemacht hatte. Alle paar Jahre müht man sich, dem alten Haus die ursprüngliche Farbe wiederzugeben. Doch vergeblich: dem kleinen Nordost-Monsun zwischen November und Dezember folgt an Tansanias Küste bereits von März bis Juni der Südost-Monsun – die große Regenzeit. Zwischen den schmalen rechteckigen Fenstern, deren schräg gestellte Holzlamellen die Krankenzimmer verdunkeln, hat sich das Wasser jedes Jahr seinen Weg vom Dach des Hauses nach unten gesucht und hinterlässt stets an der Hauswand eine breite, schmutzig-graue Spur. Auf den unbetonierten Boden des Geländes trifft das herabstürzende Wasser mit solcher Wucht, dass die rötlich-braune Erde bei jedem Regenguss aufspritzt und die eigentlich helle Hauswand bis in Kniehöhe in dunklen Erdfarben verunziert. Etwas Kühlung spendet – heute wie früher – nur der dunkle Schatten eines mächtigen Mangobaums, dessen oberstes Blätterdach die drei Etagen des Krankenhauses noch überragt.

Verpasste Chance im Krankenhaus

Die unteren Fenster dieses Gebäudes haben irgendwann Scheiben aus blickdichtem Milchglas erhalten – und das aus einen nachvollziehbaren und guten Grund: Hinter ihnen werden seit langem in einem separierten Bereich die Leichen jener Patienten aufgebahrt, die während ihres Krankenhausaufenthaltes verstorben sind. Tagsüber kommen Besucher dorthin, die von ihren Verwandten Abschied nehmen. Sie stehen trauernd im Hof oder gehen in kleinen Gruppen im Untergeschoss ein und aus. Doch nicht alle Angehörigen verfügen über die Mittel, eine beschwerliche und mitunter lange Reise in die Hauptstadt zu unternehmen, geschweige denn, die Verstorbenen zu sich nach Hause zu holen und dort zu bestatten. Dass der Leichnam eines Verstorbenen eine Nacht über in dieser Halle liegt, bevor er in der Hauptstadt auf Staatskosten beerdigt wird, war und ist deshalb keine Seltenheit.

An diesen wenig einladenden Ort hatte man uns bei Einbruch der Dunkelheit bestellt. Die zwei Eingangstüren zu diesem Bereich würden wir unbewacht und unverschlossen vorfinden, keiner würde um diese Stunde Notiz von uns nehmen. Wir sollten warten, bis uns dort jemand abholen würde – so unser Informant am Tag zuvor. Es gebe *witchdoctors*, die nachts in die Leichenhalle gingen, um einen der Verstorbenen mit gewöhnlichem Wasser abzuwaschen. Die dadurch mit der schwächenden Kraft der Toten aufgeladene Flüssigkeit diene ihnen anschließend als Grundlage, um ein magisches Mittel herzustellen, das sie gegen Fußballmannschaften einsetzten, damit diese «wie die Toten spielten».

Nach den nächtlichen Erlebnissen auf dem Kinondoni-Friedhof in Daressalam, die ich ganz am Anfang meines Buches geschildert habe, hatte ich kaum Zweifel, dass auch diese Informationen nicht völlig aus der Luft gegriffen waren, selbst wenn die Beschreibung, wie sich die *witchdoctors* jenes magische Mittel beschaffen sollten, erst einmal doch recht abenteuerlich bzw. makaber klang und schwer vorstellbar schien. Wenn es aber tatsächlich solche Magier geben sollte, welche die «schwächende Kraft» der Verstorbenen im Fußball einzusetzen versuchten, so wollten wir sie auch kennenlernen und sprechen. Entgegen der Behauptung des Informanten fanden wir die Rückseite des Gebäudes allerdings keineswegs still und verlassen vor, als wir am folgenden Abend etwa gegen 22.00 Uhr am Hintereingang des Gebäudes eintrafen. Zwei Polizisten bewachten den Eingang mit scharfen Blicken, kontrollierten jeden, der in das Gebäude zu gelangen versuchte, oder Passanten, die länger als nötig vor dem Eingang herumlungerten bzw. sich in dunkle Ecken zu drücken schienen. Wir hielten uns vor dem Eingang in einigem Abstand etwa eine Stunde lang auf – gut und leicht sichtbar für jeden, der uns hätte finden wollen, doch immer noch in gebührendem Abstand zur bewachten Eingangstür. Aber unser Informant tauchte ebenso wenig auf wie der angekündigte *witchdoctor*. Ein kompletter Fehlschlag.

«Verhext» in Afrika

Überhaupt sollte nicht der Eindruck entstehen, dass unsere zahlreichen Versuche, einen Zusammenhang von Fußball und Magie in Afrika zu erforschen und zu verstehen, so problem- und reibungslos verlaufen sind, wie es die Schilderung in diesem Buch vielleicht glauben macht. Wir erlebten eine ganze Reihe von Fehlschlägen, Enttäuschungen und Misserfolgen, die selbst Stoff für ein kleines Buch liefern würden und manchmal das Gefühl in uns aufsteigen ließen, als wären wir selbst von dem ein oder anderen *witchdoctor* «bearbeitet» worden! Ein paar solcher Begebenheiten will ich an dieser Stelle der Vollständigkeit halber kurz nachtragen:

In *Westafrika* stürzte während der Dreharbeiten zuerst unser Kamerakran am Hang eines Hügels um, weil der Boden durch einsetzenden Regen zu weich geworden war. Anschließend blieben wir mit einem geplatzten Reifen und einem defekten Reserverad auf der Straße nach Accra liegen. An den folgenden beiden Tagen packte mich ein heftiges Fieber, das aber glücklicherweise ohne langfristige Folgen blieb.

In *Ostafrika* mieden uns zunächst einige der Hotelangestellten, bis wir den Grund ihres Misstrauens verstanden und ihnen zeigten, dass die lange, schwarze Kiste, die wir täglich durch die Hotelhalle trugen, keineswegs ein Sarg war, wie sie vermutet hatten, sondern die Transportkiste unseres Krans. Der aus Simbabwe stammende Fußballer Alois Bunjira, der inzwischen in Südafrika lebt und für Azziz Kara FC spielt, berichtete mir übrigens später von einem Ritual einer Profimannschaft, bei dem ein Sarg eine gewisse Rolle spielte: Die Fußballer hätten sich vor einem Spiel im Verlauf einer nächtlichen Zeremonie einer nach dem anderen in den Sarg legen und zweimal «Tor» rufen müssen. Der Sarg trieb während der Zeremonie in einem Gewässer. Jeder Torruf der Spieler sei von einem Gewehrschuss begleitet worden. Der Ausruf «Tor» symbolisiere zusammen mit dem jeweils abgefeuerten Schuss den Einschlag des Balles im gegnerischen Tor, während die Gegner «wie die in einem Sarg liegenden Toten» spielen sollten. Dass der Sarg während des Rituals auf dem Wasser treiben musste, hing mit der Geheimhaltung zusammen, denn nachts am Fluss bleibe man ziemlich ungestört – so jedenfalls Alois' Erklärung, die er mir im Herbst 2009 schrieb. Mag sein, dass es auch Bilder eines solch bizarren Rituals waren, welche die Vorstellungskraft der Hotelangestellten damals in Ostafrika befeuert hatten. Nachdem wir allerdings das völlig harmlose Metallgestänge und die Halterungen der Kamera im Inneren der schwarzen Kiste im Hotelfoyer gezeigt hatten, wurden wir fortan von allen freundlich und zuvorkommend behandelt.

Aber nicht alles, was wir während unserer Recherchen erlebten, hatte einen solch eher skurrilen Hintergrund und löste sich in heiteres Wohlgefallen auf: Auf dem äußerst beschwerlichen Landweg von Daressalam über die Hauptstadt Dodoma bis nach Mwanza

hielt uns eines Tages die tansanische Polizei in einem kleinen Ort (Igunga) an und nötigte uns mit guten Gründen, dort zu übernachten; die Weiterfahrt auf dieser Straße war nachts wegen der dort lauernden Wegelagerer und Diebe zu riskant. Sicherheitshalber wurde die Straße täglich zwischen Sonnenuntergang und Sonnenaufgang des nächsten Tages gesperrt. Und als wir einige Zeit später per Schiff den Viktoriasee von Tansania nach Uganda überqueren wollten, waren kurz zuvor zwei der dort verkehrenden drei Fährschiffe zusammengestoßen. Eines sank mit 50 PKW an Bord auf den Grund des Sees – nebenbei bemerkt, war der Versicherungsschutz der Fährschiffe seit einem Jahr abgelaufen, weil der Verkehrsminister in die eigene Tasche gewirtschaftet hatte. Das andere wurde schwer beschädigt in den Hafen von Mwanza geschleppt. So charterten wir ein kleines Flugzeug mit belgischem Piloten, der uns

Kein Ort, der zur Rast am Straßenrand einlädt – auf der N4 in der Nähe von Witbank, Südafrika, Oktober 2005.

nach Entebbe in Uganda flog. Aus Platzmangel in dem einmotorigen Flugzeug mussten wir ein knappes Drittel der Ausrüstung in Tansania zurücklassen. Dort hatten wir, als wir in Daressalam auf dem Kinondoni-Friedhof drehten und durch zwei leistungsstarke Leuchten den Friedhofsvorplatz aufhellen und in Szene setzen wollten, zur «Freude der Bevölkerung» kurzfristig einen Stromausfall des kompletten Stadtviertels ausgelöst.

In *Südafrika* gerieten wir in eine Geschwindigkeitskontrolle: Nein, die Formulare für die Strafmandate seien zufällig aus; das Foto, das angeblich von uns gemacht worden sei, könnten wir ebenso wenig sehen. Wir könnten aber sehr gern die 80 Kilometer bis zum nächsten Polizeirevier zurückfahren, um uns eine Quittung geben zu lassen – oder die Sache mit einer Spende an die örtliche Polizei an Ort und Stelle sofort regeln …

Letztlich aber haben wir all das und noch einiges mehr in dieser Art gut überstanden. Wir hatten eine gute Crew, trafen zumeist auf die Leute, die wir brauchten, aber wenn es ein paar unangenehme Überraschungen weniger gegeben hätte, so hätte uns das auch nicht gestört. Und damit zurück zu dem ausgebliebenen *witchdoctor* vor dem Krankenhaus in Daressalam. Die Zeitungsschlagzeile vom nächsten Morgen lieferte immerhin eine nachvollziehbare Erklärung, weshalb die Ankündigung unseres Informanten nicht eingetroffen war: «Wichtige Krankenakten und weitere Dokumente aus Krankenhaus verschwunden», titelte die *Daily Times* sogar mit Foto. Aus dem Muhimbili-Krankenhaus waren Datenblätter zahlreicher Patienten und weitere wichtige Dokumente verschwunden; das Gelände musste daher großräumig inspiziert werden, und die örtlichen Behörden hatten eine Untersuchung angeordnet, um eine lückenlose Aufklärung des Vorfalls in kurzer Zeit zu erreichen. Das sollte nicht die letzte Panne bleiben, aber zum Glück auch nicht die letzte Gelegenheit, magische Riten in der Welt des afrikanischen Fußballs zu studieren.

«Seife, Hexerei und die Kraft eines Schnürsenkels»

In einem der früheren Kapitel hatte ich Westafrika im Hinblick auf die sportlichen Erfolge einiger seiner Mannschaften als «Powerhouse» des afrikanischen Fußballs beschrieben. Die ost- und zentralafrikanischen Fußballnationen können zwar auf dem internationalen Parkett (noch) nicht auf so eindrucksvolle Olympiasieger und WM-Viertelfinalteilnehmer wie Nigeria oder Kamerun verweisen. Und auch die Zahl ostafrikanischer «Legionäre», die in europäischen Spitzenclubs für enorme Gagen die Zuschauer in ihren Fußballarenen begeistern, ist geringer, vergleicht man ihre Zahl mit den aus Westafrika stammenden Ballartisten. Daraus jedoch ableiten zu wollen, dass im Osten des Kontinents insgesamt weniger leidenschaftlich und ambitioniert Fußball gespielt würde oder dass Fußball aus gesellschaftlicher und sportlicher Perspektive dort weniger bedeutsam sei, wäre ein Irrtum ersten Ranges.

Der «Gossage Cup», der bereits zwischen 1926 und 1966 ursprünglich zwischen den ostafrikanischen Nationalmannschaften Ugandas, Kenias, Tanganyikas (Teilnehmer seit 1945) und Sansibars (Teilnehmer seit 1949) ausgespielt wurde, gilt beispielsweise als das erste Fußballturnier auf dem Kontinent überhaupt. Die Bezeichnung dieser traditionsreichen Sportveranstaltung geht auf den Namen des britischen Chemikers, Erfinders und Seifenmoguls William Gossage bzw. dessen Nachfahren zurück.

In diesem Zusammenhang sei auf eine Parallele zwischen der Gossage-Firmengeschichte und dem angeblichen Ruf des ostafrikanischen Fußballs insgesamt verwiesen: Als nämlich gegen Ende des 19. Jahrhunderts der konkurrierende Seifenhersteller William Hesketh mit «Lever's Sunlight Soap» eine qualitativ bessere Seife auf den Markt brachte, gab sich das Seifenimperium der Familie Gossage keineswegs geschlagen, sondern setzte den Wettkampf um die Vorherrschaft auf dem Seifenmarkt mit ungewöhnlichen Mitteln fort. Als Antwort auf das überlegene Produkt des Herausforderers verzierte Gossage seine neue Seife fortan mit dem Signet eines Hexers sowie mit mystischen Zeichen und magischen Symbolen; auch eine angemessene Verpackung ersannen die Firmenstrategen und wickelten damals ihr neues Produkt in schwarzes Papier! «Gossages magische Seife» («Gossage's magical Soap») lautete der vielversprechende Schriftzug in goldenen Lettern auf roter Banderole. Dass es einen tieferen Zusammenhang zwischen der zauberhaft-ausgefeilten Marketingstrategie für dieses Produkt und den Resultaten des Fußballturniers in Ostafrika gab, darf füglich bezweifelt werden, wenngleich in den historischen Spielberichten des Turniers rätselhafte Ereignisse und ungewöhnliche Kommentare, die einen solchen vermeintlichen Zusammenhang zu stützen scheinen, nicht fehlen: 1951 unterlag beispielsweise die Mannschaft Kenias im Finale dem Team von Tanganyika mit 1:2. Nach dem Finale erklärte der kenianische Stürmer Omari Okumu, dass er sich während des Spiels gefürchtet habe, da sich der Ball jedes Mal in eine Schlangenbrut verwandelt habe, wann immer er zum Schuss ansetzen wollte. Unter Fans und Experten bestand damals jedenfalls weitgehend Einigkeit darüber, dass die Mannschaft von Tanganyika das Turnier von 1951 nur durch den Einsatz von Hexerei gewonnen hatte.

In Kenia blieb diese Finalniederlage im Gossage Cup für die weitere Entwicklung offenbar nicht ganz folgenlos: Sollen dort doch mehr als 95 Prozent aller Fußballteams im Jahr 1975 laut der Beobachtung lokaler Experten *witchdoctors* angeheuert haben, um mit deren Hilfe ihre Spiele zu gewinnen. Im Juni des gleichen Jahres machte einer der kenianischen Verbandsoffiziellen der Liga seines Landes sogar eine recht verlockende Offerte: Wenn es den Clubs gelänge, die britische Mannschaft von Norwich City FC zu schlagen, die damals Ostafrika bereiste, würde der kenianische Verband nicht bloß die Anerkennung magischer Mittel als eine im Fußball sinnvolle Maßnahme in Betracht ziehen, sondern in diesem Fall auch die Kosten der Vereine für die *witchdoctors* zwei Jahre lang tragen. Doch das Budget des Verbandes wurde nicht zusätzlich belastet, denn Norwich City FC verlor kein einziges seiner Spiele in Ostafrika.

Nach 1966 wurde der «Gossage Cup» zwar in die Ost- und Zentralafrikanische Meisterschaft («CECAFA Cup») umbenannt – einem jährlich ausgetragenen Wettbewerb, an dem inzwischen zwölf ost- und zentralafrikanische Nationalmannschaften teilnehmen. Doch auch nach der Dauer eines Menschenlebens, nachdem sich die Nationalmannschaften Kenias und Ugandas im Finale des ersten afrikanischen Fußballturniers auf dem matschigen Platz des «Railway Sports Ground» in Nairobi gegenüberstanden, hat das Thema Hexerei im Fußball keineswegs an Aktualität eingebüßt. Neidvoll blicken die Vorsitzenden mancher ostafrikanischer Verbände, ebenso wie ehemalige Spieler, Trainer und auch Fans in den Westen des Kontinents. Denn schließlich lässt sich nicht ewig vom Ruhm längst vergangener Tage zehren, zumal sich Spieler und Mannschaften aus Westafrika unter ähnlich schwierigen Bedingungen besser entwickelt und längst in die Herzen einer weltweiten Fangemeinde gespielt haben.

«Was soll's, wir müssen den bitteren Tatsachen ins Auge sehen: Fußball hat sich in Nord- und Westafrika auf einem höheren Niveau entwickelt als bei uns hier», lautete das etwas larmoyante Eingeständnis von Maina Kariuki, dem Ex-Vorsitzenden des kenianischen Fußballverbandes KFF. «Dort werden die Mannschaften von der Regierung unterstützt und trainieren in Einrichtungen von internationalem Standard. Davon kann bei uns leider keine Rede sein: Unseren ostafrikanischen Verbänden steht die finanzielle Ausstattung im Wert eines Schnürsenkels zur Verfügung! Die Ursachen dieser Fehlentwicklung im Fußball Ostafrikas sind neben der miserablen finanziellen Ausstattung und der armseligen Verbandsführung vor allem in der Anwendung von Hexerei zu suchen», klagte der Offizielle noch im Jahre 2001.

Bis ins Frühjahr 2009 reicht die teilweise heftig geführte und im-

mer wieder aufflammende Debatte um den Einfluss von *juju* im kenianischen Fußball. Während ein Mitglied des technischen Direktoriums die 2:1-Niederlage von Kenias Nationalmannschaft, der «Harambee Stars», gegen Tunesien dem gegnerischen Einsatz von Hexerei zuschrieb, sah einer der kenianischen Stürmer die Ur-

Der Match Commissioner (rechts) prüft den technischen Zustand der Tore, der Netze und des Platzes; der traditionelle Heiler (links) vertreibt die bösen Geister vom Feld.

sache in einem völlig anderen Licht: Der aus Deutschland stammende Nationaltrainer Antoine Hey sei für die Niederlage Kenias verantwortlich. Seine taktische Ausrichtung der Mannschaft gegen Tunesien sei der Grund der Niederlage – und keineswegs Hexerei.

Besagter Nationaltrainer Antoine Hey ist ein Ex-Bundesliga-Profi, der in seiner aktiven Laufbahn unter anderem beim FC Schalke, bei Fortuna Düsseldorf, Tennis Borussia Berlin, Fortuna Köln und dem VFL Osnabrück spielte. Inzwischen zählt er, mit nicht einmal 40 Jahren, zu den deutschen Fußballlehrern, die auf einige erfolgreiche Engagements bei verschiedenen Club- und Nationalmannschaften Afrikas zurückblicken können. Bevor er im Februar 2009 auf den Trainerposten der kenianischen Nationalmannschaft berufen wurde, betreute Antoine Hey, genannt «Tony», beispielsweise die Teams von Lesotho, Gambia und Liberia.

«In der Tat existiert auch hier in Kenias Fußball mitunter noch der Glaube an *juju*; allerdings kann ich aus meiner Erfahrung als Nationaltrainer sagen, dass diese Vorgänge eher aus der Region um Mombasa bekannt sind, weniger aus der Hauptstadt Nairobi. Ich weiß aber von einem Kollegen, dem Trainer eines kenianischen Erstliga-Clubs, dass er wirklich vor jedem Spiel seinen *witchdoctor* um die Aufstellung seiner eigenen Mannschaft bittet, was aus meiner Sicht zum Teil haarsträubende Konsequenzen hat und sich, rein sportlich betrachtet, in eher mäßigen Erfolgen niederschlägt. Auch in meinem Umfeld gibt es einen Verantwortlichen, der zu einem solchen «Geistlichen» geht, um das Nationalteam Kenias auf spiritueller Ebene beschützen zu lassen. Der Betreffende glaubt unerschütterlich an den Einfluss «böser Geister» im Fußball. Sie sind es, die seiner Meinung nach vom gegnerischen Team mobilisiert werden und ihnen zu Toren gegen unsere Mannschaft verhelfen», berichtete Tony, kurz bevor er mit seiner Mannschaft zu einem Qualifikationsspiel nach Mosambik aufbrechen musste.

Wie schon bei Recherchen und Dreharbeiten im Süden und Westen des Kontinents spielten für uns auch in Ostafrika lokale

Experten eine entscheidende Rolle. Vor allem zwei weiteren herausragenden Persönlichkeiten, die als Nationalspieler, Trainer und Verbandsfunktionäre auf eine lange und erfolgreiche Karriere im Fußball Ostafrikas zurückblicken können, verdanke ich viele wertvolle Kontakte, Einblicke und Erkenntnisse über dort eingesetzte magische Praktiken im Fußball.

Sunday Burton Kayuni

Einer von beiden ist Sunday Kayuni, den ich im Mai 2005 auf dem Trainingsgelände des tansanischen Verbandes kennenlernte. Er leitete dort die «Daressalam Sports Academy», eine Nachwuchseinrichtung für junge Fußballtalente, war Vorsitzender der Trainerkommission und stellvertretender Vorsitzender des technischen Entwicklungskomitees des tansanischen Fußballverbandes TFF. Nachdem er selbst viele Jahre aktiv war, trainierte er auch den Young Africans FC drei Jahre lang, war anschließend Trainer der Nationalmannschaft Tansanias sowie des kenianischen Top Clubs FC Leopards und des Erstdivisionärs FC Mombasa (der Club wurde später in «Coast Stars» umbenannt und gehört heute der Dubai Bank Ltd.). Während wir uns auf Höhe der Mittellinie unterhielten, übten ein paar ausgewählte Schützen des Juniorennationalteams auf einem gut gepflegten Rasenplatz Freistoßvarianten. Obwohl er in seiner Funktion als Trainer einer der Hauptleidtragenden der Hexerei im Fußball ist und obwohl seine Analyse dieses Phänomens sehr genau die negativen Auswirkungen für ihn persönlich, aber auch für den Fußball Ostafrikas insgesamt herausstellte, sprach er ohne jede Bitterkeit, mitunter sogar ausgesprochen amüsiert über seine diesbezüglichen Erlebnisse:

«In unserer Region hier hat *witchcraft* im Fußball doch die Oberhand gewonnen, der Glaube daran ist hier einfach tief verwurzelt. Wenn der Manager eines Vereins zum Beispiel eine Million tansanische Shilling nimmt (ca. 530,– Euro) und behauptet, er würde damit einen *witchdoctor* bezahlen, wird er weniger Schwierigkeiten haben, das Geld von der Vereinsführung zu bekommen, als wenn er angäbe, mit der gleichen Summe vernünftige Nahrungsmittel für seine Spieler kaufen zu wollen. Ein paar einflussreiche Clubmitglieder glauben einfach zu sehr an die Wirkung magischer Mittel und Zeremonien. Der Manager nimmt aber nur einen Teil des Geldes, gibt es dem *witchdoctor* und behält den Rest für sich selbst. Es ist also auch für ihn persönlich ein Weg, zu Geld zu kommen. Es ist eines unserer größten Probleme. Wenn ein Trainer sein Trainingsprogramm zusammenstellt und er wählt ein vernünftiges Hotel aus, wo er seine Spieler unterbringen will, und er bestellt gute Verpflegung für sie, dann kann das dazu führen, dass das Programm nicht stattfindet, weil manche sagen, es sei zu teuer. Wenn aber derselbe Manager da draußen irgendwo einen bestimmten *witchdoctor* getroffen hat, den er konsultieren will, wird er keine Schwierigkeiten haben, das Geld für ihn zu bekommen. Das Management wird dem *witchdoctor* Gelegenheit geben, seinen Preis auszuhandeln, aber der Trainer wird von diesen Verhandlungen ausgeschlossen sein.

Wenn wir in diesem Zusammenhang über Kultur sprechen, müssen wir dabei sehr genau unterscheiden: Es gibt einige Bestandteile unserer Kultur, die uns keine Vorteile bringen, sie sind für uns inzwischen wertlos. Andere hingegen sind sogar sehr wertvoll für uns. Diesen Glauben an Hexerei im Fußball zum Beispiel müssen wir uns doch nur einmal ganz unvoreingenommen ansehen: Ich sehe, dass der afrikanische Verband CAF verzweifelt dagegen ankämpft – er kämpft und kämpft und kämpft! Sie haben dort Aufklärungsarbeit geleistet, eine Menge verschiedener Workshops veranstaltet, einfach um zu gewährleisten, dass wir uns mehr auf wissenschaftliche Trainingsmethoden verlassen als auf *witchcraft*. Aber das braucht Zeit. Denn es gibt sogar Fälle, in denen das eigene Team durch die Anwendung von *witchcraft* ungewollt verliert. Lass mich das einmal so erklären: Es gibt *witchdoctors*, die den Verantwortlichen im Club sagen, dass sie die Spieler am Tag vor einem wichtigen Spiel um zwei Uhr in der Nacht brauchen, um mit ihnen gemeinsam eine Zeremonie auf dem Friedhof durchzuführen. Das ist aber genau der Zeitraum, in dem ein Spieler tief schlafen sollte; stattdessen wird er aber auf einen Friedhof gebracht, um dort an magischen Ritualen teilzunehmen; um 5.00 oder 6.00 Uhr morgens kehrt er dann von dort zurück. Kannst du mir sagen, wann sich diese Spieler ausruhen sollen? Sie kommen total verschlafen zurück und laufen am Morgen über den Platz, als hätten sie Blei an der Sohle. Der Trainer wird möglicherweise nicht einmal mitbekommen, dass sie in der Nacht zuvor schon eine «Extra-Trainingseinheit» auf dem Friedhof durchgeführt haben! Das sind doch die Probleme, mit denen ein Trainer hier zu kämpfen hat.

Er muss aber als Trainer rechtzeitig dafür sorgen, dass diese Punkte im Rahmen seiner Vertragsverhandlungen geklärt werden: Wenn ihr mich als Trainer anheuert, verlasse ich mich dabei nur auf meine Kenntnisse und Fähigkeiten. Ich möchte bei meiner Arbeit als Trainer nicht, dass Hexerei eine Rolle spielt; überlasst mir das Training und die taktische Ausbildung der Mannschaft! Doch ich kann dir aus eigener Erfahrung nur sagen, die Manager, die daran glauben, werden mit der Hexerei nicht einfach aufhören. Sie werden diese Rituale heimlich und ohne dein Wissen durchführen. Und die erwachsenen Spieler können sich nicht einfach ändern.

Nachdem ich in der Verbandsführung des Fußballs gearbeitet habe, habe ich versucht, die älteren Spieler zu unterrichten, sie zu verändern, aber sie wollten das nicht. Das war der Grund, warum einige von uns beschlossen, eine eigene neue Richtung zu suchen und ganz unten im Jugendfußball anzufangen. Wir unterrichten jetzt diese jungen Spieler, wir erziehen sie auch, wir möchten ihnen beibringen, die Hexerei hinter sich zu lassen, vielleicht ist das der einfachste Weg, einen Wandel und ein Umdenken einzuleiten. Wenn es uns gelingt, diese jungen Spieler zu ändern, schaffen sie es vielleicht und können im europäischen Ausland spielen; wenn sie dann zurückkommen, werden es komplett andere Spielertypen sein, mit einem anderen Ansatz, erweitertem Wissen. Keiner kann denen je wieder etwas über Hexerei weismachen! Aber mit den aktuellen Spielern, die aus sehr einfachen Verhältnissen stammen, wird es sehr schwer werden; und mit den derzeitigen Verantwortlichen in den Clubs wird es erst recht sehr schwierig werden, Hexerei im Fußball hinter uns zu lassen.

Ich selbst hatte den Befürwortern im Management vor einiger Zeit vorgeschlagen: Okay Leute, lasst es uns wenigstens prozentual regeln! Lasst uns den Anteil von Hexerei im Fußball auf 10 bis 15 Prozent begrenzen und für das Training 85 Prozent unserer Leistungskraft einsetzen. Aber sieh dir das doch mal an: Hier ist es genau umgekehrt! Hexerei nimmt 85 Prozent ein und das Training nur 15 Prozent. Hinzu kommen Bestechung der Schiedsrichter, Verabredungen mit anderen Teams und derlei mehr.

«Ein Magier hat seine Arbeit gut gemacht» – sehr schön, aber was bedeutet das? Anstatt sich selbst zu überprüfen, eigenes Fehlverhalten richtig zu beurteilen und anschließend zu verbessern, vereinfachen wir die Antwort, indem wir uns einfach auf Hexerei verlassen, und das ist ein großer Fehler! Einige der hier Verantwortlichen kommen definitiv nicht aus dem Umfeld des Fußballs: Sie sind im Fußball engagiert, weil sie ein persönliches Ziel verfolgen, das aber mit dem Fußball selbst nichts zu tun hat; sie streben zum Beispiel eine Karriere als Politiker an und benutzen Fußball nur für diesen Zweck. Und das ist unser Hauptproblem. Wir haben hier ein Sprichwort: Wenn dir klar ist, dass du keine Ahnung hast, und du willst lernen, so ist das in Ordnung. Aber wenn du keine Ahnung hast, du weißt es nicht, und du behauptest dennoch, du hättest verstanden, wenn dir einer was erklären will, dann hast du ein echtes Problem!

Deshalb sage ich, Fußball ist auch ein Spiel gemachter Fehler. Aber du musst Geduld haben, es ist auch eine Geduldsprobe. Wenn du nämlich keine Geduld hast, kannst du nicht Fußball spielen! (Sunday lacht herzlich, unterstreicht seine Argumentation mit leidenschaftlichen Gesten.) Du kannst nicht coachen, du kannst auch nicht trainieren.

Aber leider sind Fans nicht geduldig. Und die Manager und Clubbesitzer schon gar nicht. Sie verstehen nur ein einziges Wort – und das heißt GEWINNEN. Und das ist der Grund, warum einige im Fußball hier versuchen, eine Abkürzung zu nehmen: mit Hilfe von Hexerei, Bestechung des Schiedsrichters, Spielergebnisse mit dem Gegner verabreden. All diese Dinge spielen plötzlich eine Rolle, nur um eine Abkürzung zum Sieg zu nehmen. Aber im modernen, erfolgreichen Fußball gibt es keine Abkürzung! Wenn du zur WM im Jahr 2010 einen erfolgreichen Spieler haben willst, musst du heute (2005) mit seiner Ausbildung beginnen. Wie viele Jahre sind das? Wie viele Hindernisse wirst du überwinden müssen? Vielleicht sind wir in Afrika nicht geduldig genug. Wir wollen hier immer den schnellen Erfolg, deshalb wird *witchcraft* praktiziert.

Trotz allem bin ich zuversichtlich, dass sich die Situation des tansanischen Fußballs in den kommenden Jahren verbessern kann. Ich habe mit meinem Trainerkollegen Charles Boniface Mkwasa und einigen anderen bereits diesen Prozess eingeleitet. Wir gehören in diesem Land einer neuen Generation von Trainern an, und wir haben damit begonnen, die Jugend zu trainieren; was wir uns vorstellen, ist, dass einige Spieler unserer Akademie eine Chance erhalten und in einer ausländischen Liga spielen können. Wenn es gelingt, fünf, sechs oder auch zehn Spieler in eine andere Liga zu bringen, werden sie, wenn sie zu uns zurückkehren, eine andere Mentalität besitzen, sie werden unsere Botschafter sein. Und das ist der Grund, warum wir uns in dieser Hinsicht engagieren, denn es wurde hier mit ganz bestimmten Leuten geredet, geredet und geredet – und das war und ist reine Zeitverschwendung!»

Während Sundays letzte Sätze von engagierter Körpersprache und Mimik begleitet wurden, ganz so, als riefe allein unsere Unterhaltung über «die bestimmten Leute» die vielen fruchtlosen Gespräche schmerzlich in sein Gedächtnis zurück, näherte sich uns zunächst sehr zaghaft und verschüchtert ein etwa siebenjähriger Junge in vollständiger Fußballerkluft: rot-weiß gestreiftes Trikot, Stutzen, Hose, Fußballschuhe. Während des Sprechens winkte Sunday dem Jungen, zog ihn zu sich, legte seine Arme um die Schultern des verlegenen Kindes und drückte es liebevoll an sich: «Das hier ist mein letztgeborenes Kind, mein einziger Sohn, und den habe ich «Klaus» getauft – nach Dr. Klaus Trapp, einem Wissenschaftler der Universität Leipzig. (Dr. Klaus-Dieter Trapp, Leiter des Wissenschaftszentrums des Fußballverbandes der DDR, Anmerkung des Autors.) Im Jahr 1979 kam er nach Tansania, um einen Trainerlehrgang zu leiten, den auch ich bei ihm absolviert habe. Dann kam er ein zweites Mal hierher, das war 1990, um einen weiterführenden Kurs zu halten, an dem ich ebenfalls teilgenommen habe. Um alles, was er damals für mich getan hat, zu würdigen, habe ich meinen Sohn nach ihm benannt. Als er hierher nach Tansania zur Weiterbildung der Trainer kam, ermöglichte er uns sehr tiefe Einblicke in seine Arbeit als Ausbilder von Fußballtrainern. Ich habe danach nichts wirklich Neues mehr gehört. Ich habe mein Trainerdiplom in Ungarn erworben, das war alles nichts Neues. Es war nur eine Vertiefung des Wissens, und deshalb respektiere und schätze ich Dr. Trapp so sehr.»

Yanga vs. Simba

Am nächsten Tag, es muss so um den 17. Mai 2005 gewesen sein, sollte es in Daressalam zu einer Neuauflage des Derbys zwischen dem Young Africans FC und dem Simba Sports Club kommen. Es ging bei diesem Duell der beiden tansanischen Premier-League-Clubs erneut um weit mehr als nur um ein Resultat im Fußball. Beim Spiel der ewigen Erzrivalen Simba SC gegen Young Africans FC stand neben sportlichem Erfolg und Prestige natürlich auch die Frage auf dem Spiel, wer die stärkeren Geister auf seiner Seite weiß, welche Mannschaft bei Bedarf nun wirklich über die bessere «Medizin» verfügen und einen mächtigeren *witchdoctor* verpflichten kann, kurzum – es war auch ein Ringen um die Vorherrschaft über die magischen Kräfte, auch wenn es klammheimlich ausgetragen wurde.

Bereits in den Jahren 2003 und 2004 waren jeweils beide Clubs zu Zahlungen von Geldstrafen in Höhe von 500 US-Dollar verurteilt worden, und zwar wegen des unerlaubten Einsatzes magischer Mittel auf dem Platz! Und wie ich später lesen und erfahren konnte, waren das nicht die einzigen Vorkommnisse dieser Art. Wir schleppten also eine Menge Film-Equipment in das Stadion und wollten unbedingt mit der Kamera dabei sein, wenn die beiden Mannschaften aufeinandertrafen, die schon öfter in die Schlagzeilen geraten waren, weil sie sich «übernatürlicher Hilfe» bedient hatten. Wo sonst, wenn nicht an diesem Ort, würden wir ein Gefecht zweier so prominenter Kontrahenten in Bild und Ton festhalten können, die sich nicht nur auf die Abseitsfalle und das Abgrätschen der Angreifer verstanden, sondern den Strafraum im Kaunda-Stadion auch durch die Macht der Geister zu beherrschen suchten?

Um eine High-Definition-Kamera auf einem Kran in neun Metern Höhe ordentlich auszubalancieren, braucht man wegen der starken Hebelkräfte gut und gerne 140 bis 150 Kilogramm Gegengewicht, die am hinteren Ende des Krans sehr gewissenhaft angebracht und austariert sein wollen. Am besten verwendet man dazu herkömmliche Hantelscheiben, wie sie Fitnessstudios bereithalten. Da wir wegen der hohen Transportkosten von Übergepäck solche Fitnessutensilien nicht mit uns führen konnten, mussten wir uns mit einer Ersatzlösung behelfen. Sand – so glaubten wir –, Sand sei auch in diesem Fall eine kostengünstige Alternative, und zudem am Stadtstrand Daressalams leicht zu beschaffen. In aller Frühe, bevor es richtig heiß wurde, fuhren wir also auf dem Weg ins Young-Africans-Stadion an den wie immer menschenleeren Sandstrand und begannen kleine, mittlere und große Kunststoffsäcke mit sehr feinem, hellem Sand zu füllen. Wir schaufelten abwechselnd, arbeiteten konzentriert und zügig und waren schon fast fertig, als ein dunkler Toyota-Jeep der Polizei auffällig langsam quer über den Strand direkt auf uns zurollte. Sehr gemächlich stiegen zwei Officers aus, die uns offenbar schon eine Weile beobachtet hatten – der Fahrer, hager und groß gewachsen, der Beifahrer, offensichtlich der Vorgesetzte, ein eher rundlicher Mann: Was das solle, was wir hier so früh machten und wohin wir mit dem Eigentum des tansanischen Volkes überhaupt wollten? fuhr uns der beleibte der beiden Officers schlecht gelaunt an. In seinen Ohren muss meine versuchte Erklärung vom nötigen Gegengewicht für einen Kamerakran, dem heutigen Top-Spiel und dem Vorhaben, die magischen Vorgänge um Simba und Yanga in Bild und Ton festhalten zu wollen, völlig unglaubwürdig geklungen haben, denn er sah mich an, als würde ich ihm gerade eine unfassbar schlechte Lügengeschichte auftischen: «Sofort aufhören, Sand zurück! – Das geht nicht! Und wenn doch, kostet das, und zwar gar nicht mal so wenig, denn Sand ist sehr teuer, vor allem dieser hier!» So etwa lautete die Antwort des Officers. Schließlich fuhr einer von uns zurück ins Hotel und holte die offizielle Drehgenehmigung, ausgestellt vom Prime Minister's Office, für die sich in Tansania bislang wirklich noch kein Mensch zuvor interessiert hatte. Der Officer betrachtete das Dokument schweigend und sehr genau, gab es, ohne uns dabei anzusehen nach einer kleinen Ewigkeit fast angewidert zurück und bemerkte säuerlich, dass wir den Sand noch am selben Abend an genau diese Stelle zurückzubringen hätten, er würde das überprüfen lassen.

«Hey, Bundesliga!»

Inzwischen war es Mittag geworden. Um das Stadion scharte sich schon eine große Menge von Zuschauern in Erwartung eines großen Matches. Gegenüber vom Eingang, inmitten einer bunten Menschenmenge zahlloser Händler, Passanten, Fans und Bewohnern der Gegend, loderten am Straßenrand längst zahllose kleine Feuer: In qualmenden Kesseln kochte der Mais, dessen angenehm süßlicher Geruch mit dem Duft der auf eisernen Rosten gegrillten Hühner bestens harmonierte. Fliegende – oder genauer: Rad fahrende – Händler verkauften frische Kokosnüsse, die sie mit einer Machete vor den Augen der Kundschaft in atemberaubendem Tempo so geschickt und schnell bearbeiteten, dass man den dickflüssigen Saft direkt aus der Frucht bequem trinken konnte.

Dort im Getümmel trafen wir ein weiteres Idol des ostafrikanischen Fußballs, von zahlreichen Anhängern freudig begrüßt und umlagert: Charles Boniface Mkwasa war nicht nur einfach Nationalspieler, Kapitän, Freund und Trainerkollege Sunday Burton Kayunis. Die beiden repräsentierten mit einigen anderen eine Generation tansanischer Trainer, die ihre Ausbildung und Trainingserfahrung in Deutschland und anderen Staaten Europas für die Entwicklung des Fußballs klug nutzten und in ihrer Heimat Tansania einzusetzen versuchten. Allerdings stießen sie bei diesem Vorhaben in ihrem sportlichen Umfeld, wie wir inzwischen erfahren hatten, mitunter auf starke Widerstände.

Es war vor allem Charles Mkwasas berufliches Schicksal als tansanischer Nationaltrainer, das mich Ende 2004 auf die rätselhaften Vorgänge um Hexerei im Fußball Ostafrikas aufmerksam gemacht hatte. Die älteren Herren («Sub Committees for special projects») im Umkreis der tansanischen Nationalmannschaft, die sich allerlei Traditionen noch immer stark verbunden fühlten und gern größere Summen für die *witchdoctors* und ihre magischen Praktiken und Rituale bereithielten, konnten mit Mkwasas modernen Trainingsmethoden und seiner Neigung zu stärkerem sportwissenschaftlichen Engagement nur wenig anfangen. Sicher, auch er versuchte die Traditionen zu respektieren, überwarf sich aber letztlich mit dem Management der «Taifa Stars» (Nationalmannschaft Tansanias), weil er sich weigerte, den magischen Ritualen den Vorrang vor westlichen Trainingsmethoden einzuräumen, und wurde des-

halb als Trainer entlassen. Ohne seine Vermittlung und sein starkes persönliches Engagement hätte ich niemals Kenntnis von und Zugang zu den nächtlichen Zeremonien auf dem Kinondoni-Friedhof bekommen, die ich einleitend geschildert habe. Er war es, der mein Augenmerk auf die wirklichen Protagonisten geheimer Rituale lenkte, der mich eines Nachts einigen *witchdoctors* vorstellte und mir einen tiefen Einblick in dieses so sonderbare Zwischenreich modernen Sports verschaffte.

Als plötzlich Bewegung in die Menschenmenge vor dem Stadion kam, sich überall kleine Gruppen bildeten und nicht wenige Fans lautstark zu gestikulieren begannen, hielt ich diesen Aufruhr zunächst für die Vorfreude auf das bevorstehende Spiel. Doch nach wenigen Momenten kippte die Stimmung. Enttäuschung, ja Wut

Die «alten Herren» und weitere Fußballkenner und -liebhaber, Young Africans Sports Club, Juni 2005.

machte sich unter den Fans schnell breit; wir blickten uns ratlos um: Sollten die Zaubereien der *witchdoctors* erneut die Austragung des Derbys beeinflusst haben? Wenig später machte das Gerücht die Runde, dass in der Tat das Spiel kurzfristig abgesagt werde! Doch weder die *witchdoctors* selbst noch die von ihnen für gewöhnlich herbeigerufenen Geister trugen für diese Absage die Verantwortung. Der Präsidentschaftskandidat Jakaya Kikwete hatte seinen Wahlkampf für die im Dezember anstehenden Wahlen bereits begonnen, versammelte seine Anhänger um sich und plante, in unmittelbarer Nachbarschaft des Stadions – zeitlich genau parallel zum Spiel – eine richtungweisende Rede zu halten. Da ein zeitgleich ausgetragenes Derby zwischen den Top-Teams seine Zuhörerschaft ziemlich sicher um viele Tausend Ohren und Augen reduziert hätte, wurde das Spiel kurzerhand abgesagt. Man werde die Begegnung nächstens nachholen, so die lapidare Erklärung, die per Megaphon unmittelbar vor dem geplanten Spielbeginn zum Ärger der Fans verbreitet wurde. Wie man als Präsidentschaftskandidat ein Ligaspiel einfach absagen lassen kann, konnte mir so recht keiner erklären. Viele der Fans blieben einfach vor dem Stadion in kleinen Gruppen stehen, aßen weiter oder setzten ihre Unterhaltung fort. Dass sie sich in nennenswerten Gruppen auf den Weg machten, um die Rede zu hören, konnten wir jedenfalls nicht feststellen. Der Kandidat Kikwete war als glühender Basketball-Enthusiast bekannt und stand seit vielen Jahren sogar als Präsident dem nationalen Verband seines Landes vor, wie ich erst später erfuhr. Ob die Absage des Derbys eher seinen politischen Ambitionen oder seiner Vorliebe für Basketball geschuldet war, vermag ich nicht zu beurteilen.

Achselzuckend lief Charles Mkwasa auf mich zu und rief lachend: «Hey Bundesliga (so nannte er mich meiner deutschen Herkunft wegen), was ist los mit dir? Mann, jetzt sei nicht geknickt, dann besuchen wir eben ein anderes Spiel!» Charles' mitreißender Optimismus konnte meine Enttäuschung über dieses entgangene

Spiel zunächst nicht wirklich vertreiben. Schließlich hatten wir einiges an Mensch und Material bewegen müssen, um pünktlich im Stadion zu sein, ohne dann den Anstoß erleben zu dürfen. Erst als er vorschlug, ein paar der alten Herren im Stadion zusammenzutrommeln, um mit ihnen über magische Rituale im Fußball zu diskutieren, wich meine stark gedämpfte Stimmung erneuter Zuversicht. Wir konnten zwar kein Derby zweier in mancherlei Hinsicht berühmter Teams filmen, sollten aber an diesem Nachmittag in vielen Gesprächen mit den älteren Herren aus dem Umfeld der Young Africans eine Menge erfahren. Wir saßen auf den spärlichen Resten des Rasens hinter einem der Tore; die Ziegen kehrten allmählich aus den Nachbarhäusern in das Stadion zurück, wohin man sie des

Charles Boniface Mkwasa mit Waisenkindern, Daressalam, Tansania, Juni 2005.

Spiels wegen verbannt hatte, und begannen in aller Ruhe – durch den überraschenden Spielausfall begünstigt –, die letzten Halme des Spielfelds abzuweiden. Vor uns saßen die älteren Herren auf eilends herbeigeschafften Plastikstühlen in einem Halbkreis. Um uns herum bildete sich schnell eine stattliche Zuschauermenge, die diesem ungewöhnlichen Schauspiel beiwohnen wollte – wenn es schon keine Strafraumduelle zu sehen gab. Charles berichtete den würdigen Herren sowie den Zuschauern auf Suaheli zuerst von unserer Mission, magische Rituale im Fußball kennenzulernen, und begann anschließend seinen Bericht für uns mit den folgenden Bemerkungen:

«Ich hatte als Nationaltrainer in meiner Mannschaft mit magischen Ritualen *(witchcraft)* ein großes Problem, denn die Magier, die das Management beauftragte, beanspruchten viel zu viel Zeit meiner Spieler. Manchmal wollten die Spieler einfach nur ausruhen, doch die Magier brachten sie zu bestimmten spirituellen Zeremonien auf einen Friedhof oder zum Beten zu einem magischen Baobab.» (Der Stamm dieses uralten, mächtigen Baumes an der Stadtgrenze Daressalams ist über und über mit bunten Stoffresten, kleinen Zetteln, die schriftliche Flüche, Verwünschungen und Bitten tragen, übersät. Dorthin kommen Geschäftsleute, Politiker, aber auch Fußballer mit ihren *witchdoctors* möglichst unbemerkt, um durch ein Opferritual die Geister der Ahnen günstig zu stimmen. Das gesamte Areal um den Baum darf nur zu Fuß betreten werden und wird schon an der engen, unscheinbaren Zufahrtsstraße von zwei Soldaten bewacht. Bevor wir dort an diesem Baobab – nur dank Charles' Fürsprache – eine Zeremonie beobachten und filmen konnten, an der ein junger tansanischer Nationalspieler beteiligt war, besuchten noch zwei traditionell gekleidete Frauen diesen Ort, um für eine geschäftliche Unternehmung ihrer Männer den Beistand der Ahnengeister zu erbitten. Eine Art Aufseher, der die Opferstätte direkt vor dem Baum jeden Abend aufräumte und die herumliegenden Opferreste entfernte, berichtete, dass mancher auch dorthin käme, um einen Gegner oder ungeliebten Widersacher der Familie an dieser Stelle zu verfluchen. In diesem Fall werde beispielsweise das abgetrennte Bein einer Ziege oder eines Lamms mitsamt dem Fluch gegen den Stamm geschleudert.)

«Einige der Spieler glauben daran. Aber ich glaube wirklich nicht daran, dass diese spirituelle Medizin, dass Magie etwas bewirkt. Ich mache dir einen Vorschlag: Wir lassen alle *witchdoctors* aus Afrika zusammenkommen, formen ein Team aus den besten dieser Leute, sie führen ihre Zeremonien durch, besorgen sich dadurch die notwendige spirituelle Kraft, und anschließend laden wir eine der besten Mannschaften deiner Heimat ein, die gegen diese Auswahl der *witchdoctors* antritt. Was erwartest du? Glaubst du allen Ernstes, dass das *witchdoctor*-Team eine Mannschaft wie – sagen wir mal – den FC Bayern schlägt?» fuhr Charles fort.

Ich antwortete halb im Scherz, dass ich mich selbst nicht unbedingt als Bayern-Fan bezeichnen würde und außerdem nicht sicher sei, ob die *witchdoctors* besonders gut Fußball spielen könnten – also unter bestimmten Umständen …

»Ach was, kein Gedanke», unterbrach mich Charles unwirsch. «Lass mich berichten, wie so etwas grundsätzlich abläuft. Zwei oder drei Tage vor dem Spiel gehen die für Zauberei zuständigen Leute des Vereins auf den Platz des Clubs und arrangieren etwas; keiner darf dann auf den Platz, sie behandeln den Rasen auf eine bestimmte Art und Weise, verstreuen ein Pulver oder eine Flüssigkeit, zerbrechen dort Eier- oder Kokosnussschalen, auf die zuvor der Name des Gegners geschrieben wurde, oder wenden sonst alle möglichen anderen magischen Mittel an, damit ihr Team gewinnt. Die andere Mannschaft wird versuchen, diesen Zauber mit ähnlichen Mitteln zu brechen – und genau das geschah zwischen Simba und Yanga schon so häufig.

Es gibt sehr unterschiedliche magische Riten. Ich will dir ein Beispiel aus meiner eigenen Zeit als Spieler geben: Wir wurden damals vom Club-Management aufgefordert, kleine, mit magischen

Formeln beschriebene Zettel während des Spiels in unsere Socken zu stecken. Oder sie ritzen die Haut deiner Beine, um so eine orangefarbene Flüssigkeit in die Wunde zu reiben, die dir ‹mehr power› geben soll. Ich wollte diese Dinge nie nehmen, denn ich bin Christ, Katholik, genauer gesagt. Aber wenn du die magischen Praktiken offen kritisierst und die Mannschaft verliert, sagt das

Das heilige Areal um den Baobab am Stadtrand Daressalams. Der Spieler (mit dem Rücken zum Betrachter) hat seinen Fuß während der magischen Behandlung auf einen Ball gelegt.

Management anschließend, dass die Mannschaft verloren hat, weil du nicht die Anweisungen des *witchdoctors* befolgt hast, weil du dich vom Team abgesondert hast. Das ist ein sehr wichtiger Punkt. Ich habe mich damals nur zum Schein an diesen Ritualen beteiligt. Wenn ich allein in meinem Zimmer war, habe ich heimlich die Zettel aus meinen Socken und Schuhen genommen und einfach weggeschmissen! Ich spielte einfach ohne das Zeug, denn ich wusste, dass ich genug Kraft und psychologische Power hatte. Und außerdem hatte ich in meiner Zeit als Spieler auch ein paar Dinge vom Fußball begriffen. Nicht zuletzt deswegen bin ich auch Nationalspieler geworden und sogar Spieler des Jahres 1982 in Tansania.

Mitglieder dieser *juju*-Committees nehmen also vielleicht einen Stürmer, den Torhüter und einen Verteidiger, bringen sie stellvertretend für die Mannschaft nachts auf den Friedhof. Das alles geschieht mit großer Heimlichtuerei und Verschwiegenheit. Sie gehen dorthin auf den Friedhof natürlich nicht in aller Öffentlichkeit. Sie warten bis zum Einbruch der Dunkelheit, weil dir die Geister nur in der Nacht zuhören, so habe ich das von den Zauberern gehört. Sie glauben, dass die Geister von morgens bis abends arbeiten und erst dann Zeit haben, die Bedürfnisse der Spieler anzuhören. Das ist, was die *witchdoctors* glauben. Manchmal sitze ich mit ihnen zusammen und höre ihnen einfach nur zu. Meine Absicht ist es, diese magischen Rituale so gut wie irgend möglich zu verstehen: Wie wirkt das alles? Nicht, um ihre Dienste zu verlangen, oh nein! Du verstehst mich da nicht falsch, oder? Ich will wissen, wie sie denken, verstehst du?

In den meisten Ländern Afrikas sind solche Magier im Fußball bekannt. Ich erinnere mich noch sehr gut daran, dass ein Club aus Nigeria hier gegen Simba SC spielte. Es war ein Spiel um die afrikanische Meisterschaft der Vereinsmannschaften, damals Mitte der 80er Jahre. Ein Spieler des Simba SC wurde während des Spiels von einem nigerianischen Spieler wegen eines zuvor begangenen Fouls plötzlich niedergeschlagen, also eine Art Revanchefoul, aber mit einem tragischen Ausgang. Der Simba-Spieler brach regelrecht zusammen, und wirklich – er starb noch direkt auf dem Spielfeld! Er wurde von diesem nigerianischen Spieler niedergeschlagen und starb sofort – nur wegen einer Bagatelle. Als wir damals nachfragten, wie das geschehen konnte und was das Team auf dem Weg zum Spiel gegen Simba SC getan hatte, sagte uns ein Betreuer, der das Team im Bus begleitet hatte, dass die Nigerianer während der gesamten Fahrt von ihrem Hotel zum Stadion alle laut gesungen hätten. Sie hätten außerdem Kokosnüsse, Eier und Wassermelonen auf einer Kreuzung zertrümmert. Das geschah hier ganz in der Nähe. Die Spieler hätten damals gemeinsam bestimmte Geister angerufen, um im Spiel mehr Kraft zu haben, das wurde uns von dem Betreuer später bestätigt. Wir glaubten damals, dass diese magische Zeremonie, das Singen und das symbolische Zertrümmern der Früchte mit dem Tod des Spielers etwas zu tun hatte. Aber wie soll man nachträglich herausfinden, ob die Spieler durch die Geister ihrer Ahnen ‹zusätzliche Kraft› erhielten?

Ich denke, es würde sehr helfen, diese spirituellen Praktiken der Magier im Fußball zu eliminieren. Wenn ein junger Spieler, wie einer von diesen hier (er deutete mit dem Daumen auf eine Gruppe junger Spieler, die hinter seinem Rücken entlanglief), überdurchschnittlich gut spielt – also gut genug ist, um auch in Europa eine Chance zu bekommen –, wie sollte er dort spielen? Es gibt dort keine *juju*-Männer oder *witchdoctors*, die ihm helfen. Wie sollte er dort ohne sie zurecht kommen? Ja, manchmal ist der Manager des Nationalteams von diesen Praktiken überzeugt, aber andere Offizielle des Verbandes wollen das nicht. Dann geht der Manager eben privat und heimlich zu einem *witchdoctor*, besorgt ein Zaubermittel und gibt es seinen Spielern, sie benutzen das heimlich, und die Offiziellen und der Trainer bemerken nichts davon. Und die Manager wissen vor allem genau, woher und wie sie das Geld für die Dienste eines *witchdoctors* bekommen. Für eine gute Entwicklung und hoffnungsvollere Zukunft des tansanischen Fußballs wäre ich sehr froh, wenn der Verband die magischen Rituale aus dem Fußball heraushalten könnte. Ich betreibe eine eigene Fußballschule für junge Talente; die meisten der Jungs sind Waisenkinder hier aus der Gegend um Daressalam. Vielleicht schaffen wir es, in ein paar Jahren mit dieser jungen Generation von Spielern, die nun ohne *juju* nachwachsen, von diesen Ritualen loszukommen.»

Nach Charles' ausführlicher Einschätzung verließen wir das Stadion. Die meisten der Zuhörer waren während unseres Gesprächs trotz der einbrechenden Dämmerung um uns herum stehen geblieben und hatten gespannt zugehört; nun fingen sie schließlich an, untereinander zu diskutieren. Die Mimik mancher Gesichter verriet, dass Charles' Ausführungen offenbar ein paar Wahrheiten enthalten hatten, die üblicherweise nur hinter vorgehaltener Hand besprochen wurden – wenn überhaupt. Schwer zu sagen, wer von den älteren Honoratioren, die uns allesamt so freundlich lächelnd begrüßt und empfangen hatten, die Sichtweise des ehemaligen Nationalcoachs teilte. Manche von ihnen nickten zwar zu einigen von Charles' Argumenten zustimmend, andere blickten – als er vom Innenleben des tansanischen Fußballs berichtete – zunehmend skeptisch und durchaus missbilligend drein. Wir hatten das Spitzenspiel zwischen Yanga und Simba an diesem Tag nicht sehen können. Wohl aber von einem echten Insider erfahren, wie und warum Hexerei oder magische Rituale aus dem Umfeld eines bedeutenden Fußballclubs an die Spieler herangetragen werden. Insofern war der Besuch des Young-Africans-Stadions dann doch kein völliger Fehlschlag geworden. Wenngleich das Spiel während unseres Aufenthalts nicht ausgetragen worden war, verließen wir diese so traditionsreiche Sportarena nicht mit leeren Händen.

Hinter dem Mauervorsprung eines Seiteneingangs zum Stadion ist übrigens der schmale Weg seit diesem Nachmittag auf knapp zehn Metern mit feinem, hellem Sand bestreut, der nicht aus dem Umfeld des Stadions stammt, sondern dem des Stadtstrands von Daressalam auffällig ähnlich sieht …

Nachspielzeit

Wenn ich diese Seiten überfliege, steigen wieder die vielen Bilder meiner afrikanischen Freunde und Gesprächspartner vor mir auf, die mir von ihren eigenen Erfahrungen erzählt haben. Nie hätte ich mir im Winter 2004/2005 träumen lassen, dass mein Streifzug durch die so sonderbare Welt des afrikanischen Fußballzaubers, der zunächst als reine Literaturrecherche begann, mich schließlich auch in derart außergewöhnliche Lebens- und Arbeitsbereiche der Beteiligten führen würde, sodass ich viele anregende und aufschlussreiche Begegnungen mit interessanten Spielern, Managern, Trainern und nicht zuletzt den *witchdoctors* in einem Zwischenreich des modernen Sports würde erleben können.

In mir hat sich das Verständnis verfestigt, dass Magie im afrikanischen Fußball so lebendig ist, weil sie in weiten Teilen Afrikas schlicht und einfach eine gesellschaftliche Selbstverständlichkeit ist – wieso sollte also ausgerechnet der Fußball frei davon sein?

Witchdoctors und *juju men* gehören zum Alltag vieler Afrikaner.

Die Bedeutung der Ahnen, die subjektiv empfundene Notwendigkeit, ihre Geister zu verehren, um sie für die Sache der Lebenden einzunehmen, erscheint in breiten Bevölkerungskreisen eine Realität. Nur deshalb, weil wir diese von magischen Vorstellungen aufgeladene Realität nicht teilen, ist sie für das Individuum dort nicht weniger wirklich: Wenn ihm die Geister der Ahnen durch einen *witchdoctor* zu einem Analogiezauber raten, warum dann nicht versuchen, sich die Kraft eines Löwen zu verschaffen, indem man sich mit Löwenfett einreibt, oder so behände zu sein wie ein Affe, indem man einen Trunk mit pulverisierten Affenpfoten trinkt? Und wenn dennoch der Erfolg ausbleibt? Bevor der *witchdoctor* das Vertrauen mancher Manager verliert, wird eher der Trainer gefeuert! Gewinnt die Mannschaft – war die magische Medizin oder ein bizarres Ritual die eigentliche Ursache des Sieges! Verliert das Team – ist der Head Coach schuld. Dieser für die Trainer leidvolle Grundsatz wurde mir von diesen immer wieder berichtet.

Der Glaube an die Wirkung magischer Mittel gerät bei manchem der Verantwortlichen jedenfalls nicht so schnell ins Wanken. Er kann sogar entlastend auf die Spieler wirken: Wenn sie vor einem Match hart trainiert, die taktischen Anweisungen des Trainers befolgt, begeisternd gespielt und trotz allem Eifer dennoch verloren haben, so kann der Glaube an eine überlegene Kunst, an Hexerei als Erklärung für eine Niederlage helfen, das Scheitern zu akzeptieren und über die Enttäuschung hinwegzukommen: «Die Geister der Ahnen waren eben nicht auf meiner Seite.» Eine solche Sichtweise kann vor Selbstzweifeln und allzu intensiver Grübelei schützen, dient also in gewisser Weise als eine Art Ventil. Die Gefahr liegt freilich auf der Hand, weil umgekehrt der Gedanke an Hexerei Spieler und Trainer auch zum Selbstbetrug verleiten und helfen kann, eigene Fehler und Schwächen zu verdrängen, wie mir der deutsche Afrika-Veteran Antoine Hey wie auch einige andere Trainer bestätigt haben.

Abgesehen davon erfüllen magische Rituale und Hexerei im Fußball aber auch die Funktion, junge Fußballer zu disziplinieren, wie mir ein erfahrener Sportjournalist aus Uganda beschrieb: «Du allein wirst zwar als Torschütze genannt, es waren aber auch andere Spieler deiner Mannschaft an diesem Tor beteiligt, und ohne die Unterstützung deiner Mannschaftskameraden und die durch Rituale gütig gestimmten Geister deiner Ahnen hättest du weder diesen noch einen anderen Treffer je erzielt!» Wenn man an das Gezappel und Getue beim Torerfolg mancher mitteleuropäischer Fußballstars und an ihre öffentlichen Auftritte denkt, könnte ich dieser Denkungsart sogar eine positive Seite abgewinnen …

Es bleibt die Tatsache, dass – vor allem im subsaharischen Afrika – ein ausgeprägtes Bedürfnis nach spiritueller Sicherheit oder magischem Schutz bei vielen Fußballern, Managern und Trainern besteht. Mir ging es bei meinen Recherchen nicht darum zu zeigen, dass die für diesen Zweck eingesetzten Mittel und Bräuche wirksam oder unwirksam sind oder man an sie glauben sollte oder nicht, geschweige denn, dass ich sie als Reste rückständiger Folklore abqualifizieren wollte. Fußball und Magie sind zwei Bereiche, die hohe Bedeutung in Afrika haben und die sich wechselseitig durchdringen. In diese faszinierende Welt wollte ich einen möglichst unverstellten Einblick gewinnen und diesen auch möglichst ungebrochen weitergeben, weshalb ich vor allem meine afrikanischen Gesprächspartner in diesem Buch ausführlich habe zu Wort kommen lassen. Noch immer empfinde ich es als großes Privileg, dass sie sich mir gegenüber so offen und eingehend über dieses sensible Thema geäußert haben: Ich war mir zu jedem Zeitpunkt bewusst, dass ich natürlich nur ein Außenstehender war, doch haben sie mir nie das Gefühl gegeben, ich sei ein Eindringling.

Gelegentlich wird im Zusammenhang mit magischen Riten im Fußball Afrikas ein wenig eilfertig darauf verwiesen, dass sich auch Fußballspieler aus anderen Kulturkreisen als dem afrikanischen etwa bei ihrer Einwechslung oder dem Verlassen des Platzes bekreuzigen, dass manche von ihnen das Spielfeld grundsätzlich zuerst mit dem einen und dann erst mit dem anderen Fuß betreten, sich den Fußballschuh in einer ganz bestimmten Art und Weise schnüren oder sich im Verlauf eines Turniers einen Bart wachsen lassen oder dass europäische Trainer so lange denselben Schlips tragen, wie ihre Mannschaft gewinnt, oder dass sie beispielsweise zu einem Finale ein *lucky shirt* oder ein anderes Glück verheißendes Kleidungsstück überstreifen. Was ist der Grund für solche verlegen-belustigt vorgebrachten Vergleiche? Mitunter hat es den Anschein, als wollten jene, die sie formulieren, afrikanische Sportler durch die Schilderungen hiesiger Formen von Aberglauben in Schutz nehmen oder als müssten diese gar in vorauseilender *political correctness* dafür von Dritten entschuldigt werden, weil sie spirituelle Kräfte in Anspruch nehmen und ihre Traditionen nicht nur pflegen, sondern wirklich noch leben. Doch gerade diese Haltung erscheint mir als ein paternalistisches Überbleibsel des Kolonialismus: Das *Andere* in der afrikanischen Kultur ist für die Vertreter dieser Auffassung letztlich immer noch etwas Minderes – nur dass man es jetzt nicht mehr abwatscht und verhöhnt, sondern kraft der immer noch unterstellten eigenen geistig-moralischen Überlegenheit glaubt durch den Vergleich mit eigenen Verhaltensweisen relativieren zu müssen. Das haben weder die afrikanischen Kulturen, in denen Magie ein große, authentische Rolle spielt, noch der afrikanische Fußball nötig, der inzwischen auf beachtliche Erfolge sowohl mancher seiner Spitzenspieler als auch einiger seiner Mannschaften verweisen kann. Wenn afrikanische Spieler, Trainer, Manager und Verbandsvertreter ihre bislang gepflegten magischen Rituale, um deren Sinn und Zweck inzwischen eine lebendige, breite Gesellschaftsschichten erfassende Diskussion in Gang gekommen ist, eines Tages beiseite lassen werden, so wird das ihre souveräne Entscheidung sein, die dann ebenso zu respektieren sein wird wie ihre jetzigen Bemühungen um den Fußball, deren magische Aspekte derzeit jedenfalls noch lebendiger Ausdruck ihrer Kultur sind.

Als Phillippe Troussier als Nationaltrainer die Mannschaft Südafrikas 1998 zur Weltmeisterschaftsendrunde nach Frankreich führte, nahm er kurz vor der Abreise mit dem Team an einem Opferritual teil, in dessen Verlauf eine Kuh geschlachtet wurde, um von den Geistern der Ahnen Schutz für das Team Südafrikas in der Fremde zu erbitten. Coach Troussier, der aus Frankreich stammt, konnte bereits bevor er Trainer der «Bafana Bafana», der südafrikanischen Nationalmannschaft, wurde, auf einige sehr erfolgreiche Engagements an der Elfenbeinküste und in Südafrika zurückblicken.

Seinem gelassenen, respektvollen Umgang mit dem lokalen Brauchtum, den Riten und Traditionen des jeweiligen Landes verdankt er den Beinamen «The white witchdoctor». Und schließlich möchte ich an dieser Stelle noch den Team Manager James Dlamini aus dem Gastgeberland der WM in Südafrika zitieren, der auf die Frage, ob *muti medicine* in der Mannschaft von AmaZulu (Durban) zur Anwendung komme, Folgendes antwortete: «*Muti* ist Teil unserer Kultur und unserer Tradition, und ich schäme mich nicht zu sagen, dass wir solche Mittel benutzen. Wir glauben daran, auch wenn sich manche Teams selbst davon distanzieren und sagen, dass sie keine *muti* verwenden – sie lügen!»

Es wäre nicht überraschend, wenn angesichts der hohen Leistungsdichte im afrikanischen Fußball sich bei einem der nächsten großen Turniere ein Team aus Afrika in ein Halbfinale oder gar ein Finale spielte. Wenn das gelingen sollte, so wird die Ursache eines solchen Erfolges in der sportlichen Leistung der Fußballer, der taktischen Ausrichtung und Vorbereitung durch die Trainer und im frenetischen Jubel der heimischen Zuschauer zu suchen sein. Und wenn sich diese Mannschaft zuvor in einer für sie angemessenen Weise in eine harmonische Beziehung zur Welt der Geister ihrer Ahnen versetzt hat, so wird das den Respekt vor der sportlichen Leistung dieser Mannschaft nicht schmälern können.

Dank

Für die freundliche Unterstützung des Film- und Buchprojekts *Fußball und Magie in Afrika* möchte ich mich bei den im Folgenden genannten Institutionen und Personen recht herzlich bedanken: Zuallererst danke ich meiner Crew, die stets mit viel Engagement, Geduld, großem Können und Professionalität in Afrika und zu Hause die mitunter widrigen Bedingungen immer gemeistert und meine Launen ertragen hat. So danke ich im Einzelnen Helmut Fischer, Niko Klag, Tim Reichert, Niko Brinkmann, Stefan Knauer, Kai Watzke, Joachim Irmler, Christian Frisch sowie Jürgen Schaum und der gesamten Crew von Chroma TV, Hamburg.

Ferner danke ich dem Verlag C. H. Beck in München, vor allem Herrn Stefan von der Lahr für sein hervorragendes Lektorat, seine Mühe und Hilfe bei der Entstehung und Bearbeitung des Manuskripts.

Mein Dank gebührt darüber hinaus der Geschäftsführung der DFB Kulturstiftung, Herrn Volker Bartsch und Frau Monique Jajo sowie der betreuenden Projektleiterin Frau Claudia Assmann und Frau Judith Hehne – sie alle waren während der gesamten Produktion (und auch danach) immer «auf Ballhöhe» und haben mich großartig motiviert und unterstützt. Vielmals danke ich André Heller und dem Sportausschuss des Deutschen Bundestages für die Auswahl des Projektes als Bestandteil des Kulturellen Rahmenprogramms der WM 2006 und Herrn Rechtsanwalt Guido Hettinger der Kanzlei Brehm & v. Moers in Frankfurt am Main für die intensive und konstruktive Rechtsberatung.

Besonders herzlich und nachdrücklich danke ich dem Deutschen Auswärtigen Amt, den Botschaften und Missionen in Tansania, Uganda, Ghana, Südafrika, Swasiland sowie in Burkina Faso, Namibia und Mosambik, insbesondere Frau Nancy Reck, Frau Petersen-Barnhusen und Sabrina Schmidt Koschella.

Schließlich gilt mein großer Dank dem Leiter der DFB Abteilung *International Relations und Trainerwesen,* Herrn Markus Weidner, der mir bei der Kontaktaufnahme mit so vielen Auslandsexperten des DFB und interessanten Gesprächspartnern und Protagonisten geholfen hat, sowie den Herren Johannes Harnischfeger und Dirk Kohnert für ihre umfassende wissenschaftliche Beratung.

Acknowledgements

I would like to thank Charles «Bundesliga» Mkwasa, Sunday Burton Kayuni, Andries, Wikus, Anton and «Mr. Soccer» Mavhungu of the *Mirror*/Makhado, «the wise man» Tuwani, Gerard & Nkepile, Thebe Mohatle, Edda Holl and Kai Horsthemke, all my friends, ministeries, football representatives and club officials across Africa and last but not least THE HEALERS, witchdoctors, spiritual mediums, the Princess and all kinds of roaming ghosts and demons: without your help, your generous support und tremendous knowledge I would not have published anything of worth.